Votre cerveau vous ment

© 2019 Benjamin Maubacq
Éditeur : BoD-Books on Demand
12-14 rond-point des Champs-Élysées, 75008 Paris
Impression : Books on Demand, Norderstedt, Allemagne

ISBN : 9782322138043
Dépôt légal : Août 2019

Benjamin Maubacq

Votre cerveau vous ment

Le livre, dans sa première version, devait s'intituler « Ma tête est scalable ».

Scabilité vient du verbe anglais "To scale" qui signifie dans le monde de l'entreprise le fait de pouvoir fonctionner de la même façon que vous ayez 100 ou 10000 clients.

Transposer au cerveau, le verbe scale revient à dire que votre cerveau a beau ne pas grandir au niveau physique, il n'en reste pas moins qu'il est extrêmement plastique, et que vos capacités cérébrales peuvent largement évoluer, on ne connaît d'ailleurs toujours pas vraiment les limites, si il y en a.

J'étais persuadé que c'était Le bon titre, la bonne idée, la plus parlante, mais en discutant avec mes proches j'ai vite compris qu'il n'interpellait pas grand monde, mis à part une petite catégorie d'individu.

Bref, encore une fois, mon cerveau m'avait menti.
(mais il demeure scalable !)

Préface

Bon-jour, Toi, qui tiens ce livre,

Es-tu prêt-e ?

Pierre Rabbi s'interrogeait sur les enfants que nous allions laisser à notre Terre.

Le livre de Benjamin, du haut de ses 23 ans, prouve et confirme que nous pouvons nous rassurer.

Ces 20 années passées sur le ring et les difficiles épreuves rencontrées lors de la petite enfance, m'ont donné la capacité d'identifier et de reconnaître la nature de l'énergie dominante chez un individu.

Quand je suis descendu de scène au milieu d'une foule de 300 personnes sur-motivées ce 17 avril 2019, dans la somptueuse salle Honnorat de la cité universitaire de Paris, c'est avec son grand sourire, son aplomb chevaleresque, son audace malicieuse et sa générosité sans limite que Benjamin est venu en toute simplicité me parler de son livre pour « Scaler [1]» son cerveau.

Et me demande ensuite d'en rédiger la préface. Tout cela pour aider les autres.

Merci pour cet honneur et ce privilège que tu m'offres. Merci pour cet ouvrage d'une simplicité et d'une efficacité déconcertante.

Comment as-tu pu résumer et rendre accessible autant de vérités universelles, de pratiques immédiatement applicables et aussi puissantes en une centaine de pages ?

Le suc même, l'essentiel, –l'essence–ciel des récentes recherches scientifiques, du bon sens spirituel et de l'expérience sont entre tes mains

---

[1] Scaler : augmenter ses capacités sans grandir, efficience.

Cet ouvrage est un délice pour les yeux, un baume pour le cœur et un merveilleux outil pour piloter et « scaler » ton cerveau avec méthode et douceur, douce-heure.

Merci Benjamin de préparer ta génération, la mienne et les suivantes à être des humains meilleurs avec amour et efficience.

Toi qui tiens ce livre, qu'il te permette d'atteindre et de réaliser tous les rêves que tu t'autorises.

Cœurdialement,

Aurélien Duarte

Coach mental et physique, conférencier, professeur, septuple champion du monde en Muay Thai, Kick Boxing, Shidokan Karaté.

Sommaire

<u>Première Partie</u>
La prise de conscience

Seconde Partie

Les techniques à mettre en place

« *Seule la paresse fatigue le cerveau.* »
Louis Pauwels

Introduction

80%

Pour le commun des mortels, si nous lançons une pièce au jeu du « pile ou face » et que nous tombons sur « pile », et ce trois fois d'affilés, alors il y a 80% de chance que le quatrième lancé résulte sur un « face ». Pourtant, en y réfléchissant à deux fois, on comprend que les chances sont en fait à 50/50, les anciens lancés n'ont aucun impact sur le quatrième.

Notre cerveau fait des raccourcis, invente des souvenirs… Il nous fait parfois ressentir des dangers, en provoquant en nous des réactions dignes d'une vie préhistorique, alors que nous allons simplement préparer une réunion ou monter dans l'avion.

Loin de me considérer comme un scientifique, je me considère comme un passionné des bizarreries de cette belle machine que nous avons entre les oreilles.

Lors des premières années de ma vie, j'étais quelqu'un de réservé, vraiment timide, même avec les gens de ma famille.

J'ai toujours voulu comprendre le cerveau humain, avoir conscience de ce que les autres pensent, comment ils pensent, comment améliorer leurs pensées et comment faire en sorte qu'elles ne m'atteignent pas. Je me suis intéressé à la psychologie et au fonctionnement du cerveau dès l'âge de 13-14 ans et c'est aussi à cet âge que j'ai découvert la PNL (Programmation neurolinguistique).

Cette découverte de la PNL m'a permis de faire partie de ces gens qui ont connu un « avant » et un « après ».

Je ne veux pas tomber dans le mythe du livre qui change une vie du jour au lendemain, ni faire croire que tout est facile et que n'importe quelle épreuve est surmontable en un claquement de doigts.

Mais quoi qu'on en dise, j'ai réellement vécu cet « avant » et « après ».

Entre l'individu timide et recroquevillé sur lui-même et celui plein d'assurance et de confiance et ce n'est pas comme on l'imagine, ce n'est pas du jour au lendemain, c'est un travail de longue haleine dont le processus n'est toujours pas terminé aujourd'hui (loin de là !) et ne s'arrêtera probablement jamais.

L'essentiel est de passer des stades, des niveaux de réflexions.

Pendant la lecture de ce livre, n'hésitez pas à faire des pauses, à prendre votre temps pour réaliser en pratique les astuces proposées, à prendre des notes pour qu'elles vous servent le plus longtemps qui soit. Si vous souhaitez réellement intégrer les ressources présentes dans ce livre, relisez chaque chapitre deux fois, en laissant deux jours d'intervalle. Puis, relisez entièrement le livre un mois plus tard.

La finalité de cet ouvrage est de vous donner les clefs pour que vous puissiez accéder aux parties les plus fermées de votre cerveau.

L'objectif va donc être dans un premier temps de vous faire prendre conscience des ressources que vous avez, nous allons découvrir ensemble quels sont les éléments essentiels à intégrer.

Dans la deuxième phase du livre, après avoir été informés de toutes les capacités que vous possédez et après avoir été libérés des croyances limitantes, (qui concernent absolument tout le monde et qui sont de vrais freins à nos actions, nous y reviendrons au chapitre 2), nous prendrons connaissance des techniques pratiques à appliquer dans notre quotidien.

Première Partie

La prise
de conscience

1

Savoir est pouvoir

« Le pouvoir, c'est le savoir. »
Galbraith

Ce proverbe de Galbraith est particulièrement vrai à notre époque, plus vrai qu'il ne l'a jamais été.

Il suffit d'observer le passé et de revenir aux anciennes civilisations humaines.

Le pouvoir était tout d'abord détenu, à l'époque des chasseurs-cueilleurs, par celui qui avait le plus de force physique.

Alors même si quelqu'un dans le groupe avait le savoir sur l'endroit où la chasse était la plus optimale, il n'avait pas le dernier mot sur les décisions de la communauté et n'était en aucun cas le leader. S'il quittait le groupe pour profiter seul du spot qu'il connaissait, il mourrait. Soit de la chasse en elle-même, soit d'isolement. Vous constaterez par vous-même que dans cet ouvrage, toutes les parties sont reliées. Depuis cette époque, l'isolement est mortel chez l'Homme, avoir des interactions et des liens émotionnels forts avec des individus est vital. Nous en apprendrons plus au chapitre 14 « Le pouvoir des relations sociales ».

Par la suite, le pouvoir fut détenu grâce à l'hérédité. Vous connaissez déjà le principe : votre père était roi, vous aviez du pouvoir, sinon vous étiez condamné à obéir et donner votre vie à quelqu'un considéré supérieur à vous.

Aux prémices de l'ère industrielle, le pouvoir été détenu grâce à l'argent, le capitalisme est apparu et les plus fortunés étaient les plus puissants.

Le livre de Yuval Noah Harari « Sapiens » détaille l'ensemble de ce processus si vous souhaitez en savoir davantage…

Et vous devriez vouloir en savoir davantage car peut-être pensez-vous toujours que nous sommes dans cet époque, où celui le plus fortuné domine, mais ce n'est plus le cas, nous sommes dans une nouvelle ère au 21ème siècle : celle de l'information.

Dans l'ère de l'information, la principale source de pouvoir est bien le savoir.

C'est effectivement les experts d'un domaine qui ont le dernier mot, qui prennent désormais les décisions cruciales et qui ont un réel pouvoir sur les autres, tout simplement parce que les anciens puissants (les capitalistes) ont besoin d'eux pour conserver leur puissance.

Tous ces pouvoirs sont complémentaires, bien sûr que de façon indirecte, avoir de la force physique, être né d'un père puissant, ou avoir de l'argent va renforcer votre pouvoir, mais cela ne suffit plus, il vous faut acquérir du savoir.

La bonne nouvelle, c'est que la moitié de l'humanité possède une encyclopédie dans la poche, le savoir est désormais accessible grâce à internet. Quiconque peut donc s'auto-éduquer s'il le souhaite et acquérir ainsi du pouvoir sur lui-même et sur les autres (nous le verrons dans le chapitre 10 « Apprendre à apprendre).

Ce qui est le plus difficile à faire maintenant, c'est de savoir trier l'information, car nous en avons en abondance, en permanence.

Nous sommes submergés de messages inutiles qui polluent notre esprit et avons du mal à nous concentrer sur une tâche précise afin d'être productif.

Notre cerveau s'adapte alors, à quoi bon être à 100% lorsque l'on sait de façon consciente - ou subconsciente - que ce que l'on fait n'a pas grande importance ?

Sauf qu'à force, notre muscle cérébral s'essouffle et confond les moments pendant lesquels il faut réellement intégrer une information importante et ceux de loisirs.

Nous verrons dans les chapitres 10 et 12 comment apprendre de façon efficace et comment maximiser notre productivité.

Notre cerveau est un outil formidable qui s'autorégule, c'est l'organe qui consomme le plus d'énergie de notre corps et de loin, 25% en moyenne, même lorsque l'on dort.

Un travailleur qui est sur son ordinateur toute la journée sans bouger d'un mètre mais qui utilise son cerveau pour régler des problèmes complexes sera tout autant fatigué à la fin de la journée que quelqu'un qui effectue une tâche de façon automatisée (sans besoin de réflexion) et qui utilise uniquement sa force physique.

Quand je parle de problèmes complexes, il ne s'agît pas forcément de tâches qui nécessitent beaucoup de savoir ou des capacités cognitives hors normes, je parle de tâches qui nécessitent beaucoup d'activité cérébrale, c'est par exemple le cas d'un jeu vidéo.

Finalement, l'objectif de ce chapitre est de vous faire comprendre l'importance de l'information et l'importance de savoir comment vous informer puis vous former, le deuxième item est peut-être encore plus important.

Le processus d'apprentissage est sans fin, le savoir universel étant une ressource inépuisable. Les livres en ligne sont d'excellents moyens d'acquérir des connaissances sans avoir besoin de faire de gros investissements.

Quand auparavant les individus étaient condamnés à rester paysans et que le seul voyage qu'ils faisaient de leur vie entière ne représentait même pas ce que certains font tous les jours pour aller au travail aujourd'hui, il était compliqué de s'élever et d'acquérir du savoir. Il fallait déjà être alphabète. Vous l'aurez donc compris, le savoir est la clef qui vous permettra d'ouvrir n'importe quelle porte. L'accès au savoir est une révolution.

Mais attention, si le savoir est la clef de la porte (représentez-vous une porte ouverte dans votre tête, puis imaginez ce qu'il y a derrière cette porte) il ne tient qu'à vous de la franchir et de découvrir ce qu'elle cache.

Face à ce qu'il y a après cette porte il y a deux types de personnes, ceux qui s'imaginent une pièce petite et sombre et ceux qui s'imaginent une étendue large, un paysage, sans limite, qu'ils ont envie d'explorer.

La première catégorie a beaucoup plus de chances que la deuxième catégorie d'avoir affaire à ce qu'on appelle les croyances limitantes… Mais qu'est-ce qu'une croyance limitante ?

2

Nos limites

n'en sont pas

Pourquoi vous n'êtes pas encore la personne que vous souhaitez être ? Pourquoi lorsque l'on discute avec les gens, leur « moi » futur est-il beaucoup mieux que leur « moi » actuel ?

Quelles sont les erreurs que nous commettons tous, sans même nous en rendre compte, quand nous disons dans quelque mois je me mettrai au sport, j'aurai arrêté de fumer, je changerai de travail ?

Nous avons tous un « moi » futur beaucoup mieux que notre « moi » actuel, comme si dans 6 mois nous allions avoir une pensée complètement différente que celle d'aujourd'hui et qu'une force invisible allait apparaître pour nous pousser à agir.

Désolé de vous l'apprendre.

Ce n'est pas le cas.

Une fois que le savoir est acquis, il faut agir tout de suite, si vous attendez et que vous repoussez une échéance de 6 mois, dans 6 mois vous trouverez une autre raison de repousser l'échéance et cette boucle risque d'être très longue.

C'est ici qu'intervient la croyance limitante.

Si ce livre doit bien vous apprendre une chose, c'est que les gens sont intelligents, tout le monde l'est sous de multiples formes, la différence entre les individus réside avant tout dans le **niveau d'information** qu'ils possèdent.

Les peuples qui pensaient dans le passé que la Terre était plate étaient loin d'être naïfs ou « bêtes », c'est juste qu'ils n'avaient pas les informations que nous avons aujourd'hui, ils se disaient qu'ils voyaient plat donc que toute la planète devait être comme cela, c'était un raisonnement logique, tout simplement.

-Bon, concernant ceux qui pensent toujours que la Terre est plate au 21ème siècle c'est un autre débat.-

Mais retenez cela, personne n'est à 100% stupide, c'est juste que les niveaux d'accès à l'information et les utilisations des ressources internes ne sont pas les mêmes. Ces personnes, qui considéraient la Terre plate, ont reçues des arguments convaincants par rapport à leurs connaissances et éducations, la plupart ne se sont jamais interrogés sur la véracité de cette théorie, là n'étaient pas leurs préoccupations.

Revenons-en aux croyances limitantes.

Vous, qui avez prévu d'être meilleur demain, qu'est-ce qui vous empêche de le devenir aujourd'hui ?

Face à cette question nous avons tous des excuses implacables, du moins, c'est ce que nous croyons.

C'est faux.

C'est précisément cela que nous appelons des croyances limitantes. C'est le fait de s'autolimiter. Intégrez cette citation d'Henry Ford : « *Que vous pensiez être capable ou ne pas être capable, dans les deux cas, vous avez raison* ».

Comprenez que votre cerveau se modélise à vos choix.

De multiples études neuroscientifiques prouvent cela : si vous avez des pensées positives, vous pensez être un bon frère, un bon parent, un bon conducteur, et bien vous le serez probablement véritablement, c'est vraiment aussi simple que cela.

Dès que vous avez des pensées négatives, et que vous vous sentez incapable d'effectuer telle ou telle action, votre cerveau va se bloquer, se brider, il va vous donner raison.

Nous verrons dans la deuxième partie de ce livre comment se libérer de ce mode de pensées et comment atteindre des objectifs que vous croyez pour l'instant inatteignables.

Une fois débarrassés de vos croyances limitantes - par exemple sur le fait que vous ne pourrez jamais parler en public sans être angoissé - vous pouvez véritablement travailler sur le sujet.

Là encore, notre cerveau nous réserve des surprises.

Avez-vous déjà entendu parler de la pression créatrice ? Notion économique à l'origine, elle s'applique aussi aux neurosciences. Il s'agit tout simplement du fait que, lorsque notre cerveau est confronté à une difficulté, s'il pense qu'il peut la résoudre par un moyen ou un autre, il va se donner raison et il va la résoudre. C'est très lié à la citation d'Henry Ford.

Je m'explique.

N'avez-vous jamais entendu parler de cet étudiant dans la lune qui n'écoutait que d'une oreille pendant ses cours de mathématiques ?

Un beau jour, une fois son cours terminé, il nota ce qui était au tableau, pensant naïvement qu'il s'agissait des devoirs maisons pour le prochain cours.

Il travailla tout le week-end à la résolution du cas, se renseigna sur internet, se creusa la tête, il voulait absolument avoir une bonne note à ce devoir maison pour rattraper sa moyenne. Et puis après tout, il savait qu'il n'était pas plus bête qu'un autre, si ses camarades et lui voyaient cela en cours, l'exercice ne devrait pas être insurmontable, se disait-il.

Finalement il parvint à résoudre le problème qui était posé et le rendit à son professeur, l'air désinvolte.

Il venait en fait de résoudre une énigme mathématique sur laquelle les plus grands mathématiciens se creusaient encore la tête, le professeur l'avait juste illustré au tableau.

Aurait-il réussi à résoudre cette équation s'il avait écouté en cours et intégré le fait que même les plus grands n'y arrivaient pas ?

Non. Cela aurait juste nourri un peu plus son cercle de croyances limitantes.

C'est ce qu'on appelle l'effet Bannister.

Roger Bannister fût le premier athlète à courir le mile (1609,34m) en moins de 4 minutes en 1954.

Avant cette date, on pensait physiquement impossible d'effectuer le mile en moins de 4 minutes, personne n'y arrivait.

Roger Bannister l'a fait, l'esprit collectif en à tirer des enseignements, les barrières limitantes des autres sportifs ont sautées et juste après ce nouveau record, de nombreux athlètes réussirent à effectuer le mile en moins de 4 minutes.

Juste parce qu'ils avaient la preuve que cela était possible, c'est un effet assez incroyable à mes yeux.

C'est légèrement différent du phénomène de pression créatrice.

Mais celle-ci a également un rôle important de le fonctionnement du cerveau humain, elle permet de nous dépasser.

Certains comptent par exemple sur la pression créatrice pour faire face aux futurs problèmes climatiques.

Cela peut être une très bonne idée à condition qu'une partie conséquente de l'humanité ait cette « pression » face aux risques écologiques, ce qui est encore loin d'être le cas. Face au mur, l'Homme trouve des solutions. En revanche, il est parfois trop tard pour que celles-ci soient applicables.

Si les idées sont toutes individuelles, certaines actions sont collectives.

Souvenez-vous que vous avez une machine formidable entre vos deux oreilles qui est capable de fonctionner en mode automatique et de vous surprendre. Mais pour un fonctionnement optimal en mode automatisé, il faut une bonne configuration préalable en mode manuel.

Finalement, le fonctionnement de notre cerveau est similaire à celui des IA[2]. Notamment concernant le fait que nous devons d'abord intégrer des informations pour ensuite produire des résultats.

Une fois que nous avons le savoir, que nous sommes conscients des pouvoirs que nous avons, que nous sommes conscients que le fait de croire ou ne pas croire que l'on peut ou ne pas faire telle action n'est

---

[2] IA : Intelligence artificielle.

rien de plus qu'une croyance limitante et que, finalement, nous sommes conscients de l'existence de ces phénomènes, une très grosse partie du travail est faite.

Bien sûr, des fois cela suffit, des fois non.

Si vous vous dîtes simplement « ok je crois à cela » et que vous attendez que les choses se passent sans bouger le petit doigt en vous disant « mon cerveau est incroyable il va faire évoluer les choses de lui-même », cela risque d'être compliqué.

Mais c'est un énorme premier pas si vous êtes réellement convaincu au fond de vous d'être capable d'effectuer telle ou telle action.

Il faut être conscient des pouvoirs de votre cerveau, mais pour l'utiliser de façon optimale, il faut utiliser des techniques concrètes à appliquer.

Avant d'obtenir ces techniques, que nous verrons, encore une fois, dans la deuxième phase de ce livre, soyez encore un peu patient et prenez en considération l'ensemble des enseignements de la première partie.

N'hésitez pas, comme je vous le disais dans l'introduction, à vous arrêter dans votre lecture pour prendre conscience des mécanismes de votre cerveau et les retranscrire de votre réalité, dans votre environnement, dans votre entourage.

Il s'agit d'un ouvrage léger où je passe rapidement d'une idée à une autre, à vous de lire lentement et de prendre conscience de la puissance de ce que vous apprenez.

Intégrez, relisez, transmettez, relisez à nouveau, communiquez et appliquez afin que tout cela serve pendant votre vie entière.

La croyance est le moyen le plus puissant de faire en sorte que des événements finissent par vraiment se réaliser.

Soyez conscient que votre système de croyance n'est qu'une illusion, qu'il a été construit au travers de nombreux événements et qu'il peut être modifié. Votre système de croyance provient de votre environnement (surtout celui que vous aviez étant enfant), vos expériences, vos connaissances, vos résultats antérieurs (positifs ou négatifs), vos résultats anticipés (ce que vous croyez pouvoir atteindre).

Vous pouvez à tout moment changer un ou plusieurs éléments de votre système de croyances, c'est d'ailleurs ce que vous produisez quand vous apprenez une nouvelle, que vous découvrez quelque chose, ou que vous vivez n'importe quel événement en rupture avec ce que vous imaginiez auparavant. L'être humain a toujours vu ses paradigmes évoluer.

C'est ce qu'on appelle l'ouverture d'esprit, ou plutôt le résultat de l'ouverture d'esprit, car ouvrir son esprit c'est finalement l'étape de se mettre en état d'accepter de changer sa vision, de découvrir de nouvelles choses. Ce qui est alors intéressant, c'est d'avoir cette capacité à modeler ses croyances et se créer soi-même son référentiel.

D'ailleurs, voici une liste des croyances les plus présentes chez les personnes qui ont connu le plus de succès[3], pourquoi ne pas se les approprier ? Nous verrons dans un prochain chapitre que l'imitation n'est rien de plus qu'un processus naturel et que c'est absolument crucial d'appliquer ce processus pour obtenir des résultats satisfaisants de façon rapide.

---

[3] Source : Pouvoir Illimité d'Anthony Robbins.

En attendant, voici ces fameuses croyances :

1. *Tout événement possède des aspects positifs (il s'agit alors de se concentrer sur eux).*

2. *L'expérience surpasse de loin l'échec, il ne faut pas avoir peur d'oser pour grandir.*

3. *Personne d'autre n'est responsable d'une situation que vous-même, prenez vos responsabilités, évitez le biais d'auto complaisance (nous verrons les biais cognitifs au chapitre 9), qui représente la tendance que nous avons à nous attribuer uniquement les réussites et à attribuer aux autres ou à des facteurs externes nos échecs.*

4. *Le bien le plus précieux est le temps :*
   n'attendez pas d'être un expert pour
   agir. « *Fake it until you make it* »

5. *La relation humaine est le secret de la*
   longévité : il n'y a pas plus grande
   ressource que les êtres qui nous
   entourent. (Voir chapitre 14 : le pouvoir
   des relations sociales)

6. *Système de valeur : il faut clairement*
   définir ses valeurs, ses principes, et les
   appliquer, c'est crucial.

Nous allons voir dans le prochain chapitre qu'il est primordial d'avoir des objectifs, de se définir clairement ce que nous souhaitons car, comme le dit si bien Anthony Robbins : « *Les convictions que nous possédons sur ce que nous sommes ou sur ce que nous pouvons devenir déterminent avec précisions ce que nous serons* ».

3

La réussite

est un état d'esprit

Le cerveau a besoin d'avoir un cap, de suivre une trajectoire. Un peu plus haut je disais qu'il fallait configurer son cerveau manuellement avant d'accéder à un mode automatique efficace. C'est aussi le cas concernant les objectifs.

Pour les atteindre, vous devez manuellement les fixer, prenez du temps pour réfléchir à ce qu'est la réussite pour vous. C'est quelque chose de personnel.

Allez-y véritablement, arrêtez de lire et prenez 2 minutes pour vous poser et pour imaginer ce qu'est concrètement la réussite au sens large du terme pour vous.

Soyez clair la dessus, prenez des notes une fois que vous avez une idée précise de ce qu'est votre définition de la réussite.

Ne vous fixez pas de limites et n'ayez pas peur d'être dans le faux, écrivez ce que vous avez réellement comme vision de votre réussite à l'heure actuel.

De toute façon, cela évoluera très certainement au fil des années.

Faire cet exercice est très important pour la suite...

Alors quelle est votre définition de la réussite ?

Selon moi, la réussite est sociale.

La réussite c'est de savoir que quelqu'un vit mieux grâce à nous, que des personnes intelligentes nous admirent et prennent exemple sur nous, que des personnes sincères nous aiment. La réussite est dans le lien que nous avons avec nos proches et dans ce que nous procurons aux personnes moins proches. La réussite c'est aussi être épanoui dans ce que nous faisons au quotidien, ne pas avoir de mal à sourire et même avoir plusieurs fous rires par jour. Enfin, la réussite c'est quand, finalement, nous partons sans regret.

Une fois que vous êtes conscient de ce qu'est pour vous la réussite, il va falloir faire en sorte d'y accéder. Pour cela vous allez mettre en place des objectifs, qui produiront des résultats s'ils sont atteints, et ces résultats feront votre réussite. La boucle est bouclée.

Alors quels sont les objectifs que vous pouvez mettre en place ? C'est important de le savoir, de les écrire, pas seulement de se contenter d'en avoir une vague idée. Encore une fois : il faut être conscient de ce que vous voulez pour l'obtenir. C'est seulement dans la deuxième phase du livre que nous verrons comment concrètement, par quelles techniques, vous pouvez atteindre vos objectifs, puis votre définition de la réussite. Finalement, la réussite peut se résumer en un processus regroupant trois étapes essentielles :

- Savoir précisément ce que l'on souhaite

- Agir (physiquement et mentalement) en direction de l'atteinte de l'objectif

- Analyser les résultats et les corriger afin de pouvoir agir à nouveau, comme si vous redressiez le cap.

Faites donc l'exercice suivant :

Ecrivez 5 objectifs suprêmes à atteindre dans votre vie pour atteindre votre réussite. Attention, élément très important, crucial je dirais même, **éliminez vos croyances limitantes, écrivez des objectifs sans limites.**

Par exemple, si vous avez des objectifs financiers, ne vous concentrez pas sur un objectif chiffré en vous disant « je peux l'atteindre, c'est réaliste », faire ça prouverait simplement que vous n'avez pas encore pris conscience des enseignements des précédents chapitres.

Si vous avez un objectif financier, mettez un chiffre sans avoir de croyance limitantes, comme si vous étiez un enfant.

Ne mettez pas 3000€/mois, mettez 500 000€/mois, avec un délai de 10 ans maximum !

Vous ne comprenez peut-être pas encore cette logique, alors je vais la clarifier.

Quelqu'un qui se fixe un objectif réaliste et peu ambitieux le réalisera peut-être (et encore).

La personne qui se met 3000€/mois comme objectif à 10 ans aura, on lui souhaite, effectivement 3000€/mois dans 10 ans.

Sauf que,

Quelqu'un qui se met un objectif extrêmement ambitieux sera plus performant ! Pourquoi ?

La personne qui se fixe 500 000€/mois comme objectif n'atteindra peut-être (sûrement) jamais son but. Mais si elle vit pendant 10 ans comme une personne qui fait tout pour gagner 500 000€/mois, il y a de fortes probabilités pour qu'elle finisse par engendrer plus que 3000€/mois au bout des 10 ans.

Comprenez-vous mieux la logique ?

Elle gagnera peut-être 15k€, 20k€, 25k€ par mois, si ce n'est même plus.

Certes, le résultat ne sera pas atteint, mais ce n'est pas grave. Vaut-il mieux atteindre un objectif peu ambitieux ou ne pas réussir à atteindre un objectif trop ambitieux ? La démonstration ci-dessus nous donne la réponse.

L'unique contrainte à cette logique est la motivation : si vous vous fixez 500 000€ mensuels comme objectif et que vous avez du mal à atteindre les 600€, vous risquez d'être découragé. Pas de problème, nous verrons comment rester motivés en toute situation dans les prochains chapitres. L'objectif financier est le plus simple à appréhender, c'est pour cela que je donne cet exemple, mais, bien sûr, chacun peut avoir des objectifs de nature différente, la logique demeure identique.

L'être humain fonctionne de façon rationnelle. Il vaut mieux ne pas atteindre un objectif pharamineux mais s'en rapprocher que d'atteindre un objectif peu ambitieux.

Si vous n'avez pas encore fait l'exercice, faites-le.

Et fixez-vous des objectifs sans avoir de croyances limitantes, fixez-vous seulement des objectifs qui vous tiennent réellement à cœur et qui sont réfléchis, analysés, essayez par exemple d'imaginer que ces objectifs soient atteints, dans quels états physique et mental seriez-vous ?

Ca y est ? Vos objectifs sont fixés ? Gardez-les précieusement, notez-les et placez-les dans un endroit où vous pourrez facilement y accéder à tout moment de la journée, dans votre téléphone par exemple.

Si vous n'avez pas vraiment d'idées d'objectifs à atteindre ou si vous n'êtes pas sûr que vos objectifs correspondent à votre définition de la réussite, vous pouvez toujours vous inspirer des autres.

L'imitation et l'inspiration sont deux expériences proches, nous verrons au chapitre 13 comment les utiliser de manière efficace.

En attendant, gardez à l'esprit que votre réussite est conditionnée par vous-même et par votre représentation du monde extérieur.

Pour réussir ou, plus précisément, pour atteindre votre définition de la réussite, il faut se mettre en état de l'atteindre.

Il vous faut adopter un état d'esprit correspondant à votre réussite.

Il vous faut être positif, optimiste.

Si vous vous dites que cela coule de source, c'est un premier pas intéressant, vous serez ravi d'obtenir les techniques dans la deuxième partie qui vous permettront de vous réaliser.

4

Les représentations mentales

« Rien n'est bon ni mauvais, mais y
penser le rend ainsi. »
Shakespeare

Les représentations mentales que vous créez dans votre cerveau pilotent clairement vos pensées, vos actes et finalement, vos vies.

Face à chaque événement, il y a du bon et du mauvais, ce qui différencie les individus c'est la représentation mentale qu'ils se font d'un événement.

Illustrons cela : le cerveau humain fonctionne un peu comme Spotify[4] ou Deezer, on vit des expériences tous les jours (on écoute des musiques tous les jours) on enregistre celles que l'on souhaite, d'autres s'enregistrent toutes seules (lorsque nous avons un air en tête) et chaque jour nous avons le pouvoir de revivre une expérience.

C'est nous qui choisissons quelle expérience nous souhaitons revivre, une bonne ou une mauvaise.

Certains thérapeutes pensent que lorsque quelqu'un souffre il faut revivre des expériences mauvaises, vraiment ?

Les études les plus récentes (2015, 2016, 2017) en neurosciences ont prouvées qu'en fait, c'est plutôt l'inverse : il faut se ressasser les bonnes expériences.

---

[4] Spotify et Deezer : plateformes de musique en streaming.

À force de vivre de bonnes expériences (d'écouter des musiques joyeuses[5]) on en enregistre de nouvelles et les anciennes finissent par être tout en bas dans notre liste de sons, on ne fait plus attention à elles.

La programmation neurolinguistique permet de modifier la structure de nos pensées mais pas les pensées en elles-mêmes, pour cela il s'agît d'effectuer un travail conscient.

Nous y reviendrons.

Globalement, ce que vous devez comprendre de ce quatrième chapitre sur les représentations mentales, c'est que chaque action, chaque expérience, chaque pensée, peut être vue et interprétée de façons totalement différentes.

---

[5] Selon les recherches de Jacob Joliji, neuroscientifque une musique de 150 bpm, avec des gammes de notes en majeur et paroles positive est joyeuse. Don't stop me now de Queen illustre cela.

Cela ne tient qu'à vous de savoir si vous souhaitez vous représenter un événement comme tragique ou comme positif.

Naturellement, nous sommes conditionnés à percevoir certains événements comme tragiques. Quand je dis « nous », je parle des occidentaux, quand je dis « événements tragiques je parle par exemple du décès d'un proche, mais d'autres cultures voient la mort comme une bénédiction, une libération, un événement joyeux, leur représentation mentale d'un tel événement est tout à fait positive ! Il s'agit notamment des cultures amérindiennes.

C'est le cas des Navajos, ils ne perçoivent pas du tout le décès comme un événement triste, bien au contraire, ils considèrent que c'est une bonne chose, leurs proches rejoignent leurs Dieux.

Tout dépend des représentations mentales que l'on se fait des événements.

Pour nous, occidentaux, c'est très difficile d'accepter un événement aussi tragique, car le fait justement que ce soit tragique est profondément ancré dans notre culture.

Je ne prétends pas que la mort d'un de mes proches ou même d'une connaissance ou de qui que ce soit me rendrait heureux, même en sachant tout cela et en étant l'auteur de ce livre. Je suis simplement conscient que dans d'autres cultures, c'est un événement positif et je travaille avec les techniques que nous verrons dans la deuxième partie du livre pour échapper à ces représentations mentales néfastes à ma joie de vivre !

J'ai abordé ici un cas extrême, mais d'autres événements beaucoup plus anodins peuvent nous rendre également tristes : une déception amoureuse, un examen manqué, la solitude…

Tous ces ressentis peuvent se transformer en sensations positives si l'on sait comment s'y prendre.

Les représentations mentales peuvent donc concerner le fait de transformer un événement censé être triste dans l'esprit collectif en un événement positif, bénéfique pour vous.

Mais les représentations mentales sont plus larges que la tristesse et la joie, elles peuvent notamment agir dans le domaine des peurs, des angoisses, de la confiance ou encore du détachement face à une situation de la vie. En effet, pourquoi selon-vous une personne qui a récemment connu un accident de voiture aura une appréhension, lors d'un trajet, plus forte que quelqu'un qui n'a jamais connu d'accident ?

Ce sont encore les représentations mentales qui nous jouent des tours ! La personne qui a vécu l'accident récemment va s'imaginer chaque seconde que la voiture va heurter quelque chose, qu'un animal va surgir de la route, ou que le conducteur va faire une crise d'épilepsie, que sais-je ?

Tandis ce que la personne qui n'a jamais connu d'accident va s'imaginer que la route va très bien se passer, comme d'habitude et que le trajet n'est qu'une formalité qui ne représente aucun danger.

C'est également une partie de l'explication de pourquoi les jeunes prennent plus de risques[6] : ils n'ont pas connu autant de drames que les personnes plus âgés, donc

---

[6] Les scientifiques n'ont pas encore établi de consensus sur les raisons de ce phénomène. Certains pensent, et je suis du même avis, que cette phase de prise de risque à l'adolescence est nécessaire au développement cognitif de l'enfant. De plus, sur le plan biologique, les adolescents font face à des hausses de dopamines, neurotransmetteurs associées aux sensations fortes.

ils ont des représentations mentales qui ne les poussent pas à être vigilants.

Vous l'aurez compris, les représentations mentales sont en fait des éléments cruciaux pour l'instinct de survie humain. Sans celles-ci, nous ne serions pas ici pour en discuter, l'ensemble de nos ancêtres se seraient approchés des lions pour les caresser et se seraient fait dévorer !

La bonne nouvelle, c'est que nous ne vivons plus dans la jungle désormais. C'est déjà ça !

Encore une fois, soyez conscient de vos représentations mentales, c'est le principal,

Tous les éléments que vous vivez sont interprétés de façon consciente ou inconsciente par votre cerveau.

Ces interprétations conditionnent vos actions, vos émotions, vos pensées.

Enfin, lorsque nous sommes persuadés qu'un événement va nous arriver, ou qu'un sentiment va s'emparer de notre esprit, c'est généralement le cas.

Je vais vous fournir une illustration.

Connaissez-vous l'histoire de cet élagueur, devenue célèbre ?

Celle d'un élagueur qui exerçait depuis 27 ans son métier sans aucun problème, en toute confiance. Un jour il s'est mis à penser qu'il pouvait tout de même tomber à chaque instant et perdre alors tout ce qu'il avait bâti grâce à ces nombreuses années de carrière.

Il y pensait de plus en plus souvent, jusqu'à en faire des rêves la nuit. Il en fît part à sa femme, cela l'angoissait de plus en plus.

Trois mois plus tard il tomba de 18 mètres de hauteur.

Quelle conclusion en tirer ? Les individus qui ont des représentations mentales négatives, tristes, ou angoissantes, sont malheureusement la plupart du temps ceux à qui il arrive des événements jugés comme négatifs.

S'efforcer d'être positif est plus facile à dire qu'à faire. Mais des techniques concrètes à appliquer existent, encore un peu de patience !

5

Ne sous-estimez pas votre cerveau

« Que vous pensiez être capable ou ne pas être capable, dans les deux cas, vous avez raison. »
Henry Ford

Premièrement, je ne le répèterai jamais assez, si vous vous sous-estimez, si vous pensez que vous valez moins que quelqu'un d'autre ou si vous pensez que vos capacités sont limitées, vous aurez raison.

La citation d'Henry Ford est volontairement répétée deux fois dans ce livre, car elle est extrêmement vraie…

Deuxièmement, le cerveau n'est pas une création de l'Homme, on ne sait pas encore totalement comment il fonctionne et nous ne connaissons donc pas encore l'étendue de ses capacités. Tout ce que l'on sait, c'est que son potentiel est inimaginable ! Alors ne vous limitez pas. Ne sous-estimez pas votre cerveau.

J'aimerais que vous preniez quelques minutes pour réfléchir. D'où provient votre manque de confiance en vous ? D'où provient le fait que vous vous croyez inférieur à un autre individu ?

Pourquoi êtes-vous persuadé que vous n'êtes pas bon en maths ? Ou encore que n'avez pas une bonne mémoire ?

Votre cerveau peut accomplir des prouesses dont vous n'avez même pas idée. Il faut vraiment que vous le compreniez, c'est crucial.

Chaque cerveau de chaque être humain peut accomplir des exploits. Nous ne connaissons pas les limites à notre mémoire, notre créativité, notre réflexion… Personne ne les connaît, peut-être même qu'il n'y en a pas. Si selon un test de QI, le vôtre est inférieur à quelqu'un, vous avez simplement une forme d'intelligence différente, vous n'êtes pas « moins » intelligent.

Arrêtez de sous-estimer vos capacités. Si quelqu'un est capable d'accomplir quelque chose, vous en êtes capable aussi, point[7].

---

[7] Sauf sur le plan physique bien sûr. Si vous mesurez 2,20m, vous ne serez probablement jamais à l'aise à l'arrière d'une Twingo. Par contre vous pouvez l'être d'un point de vue psychologique dans tous les cas !

Et j'irais même plus loin, si quelqu'un a été incapable d'accomplir quelque chose, c'est sûrement parce qu'il n'a pas su mobiliser correctement les ressources qu'il possède. C'est parce qu'il a mal utilisé son cerveau, ou qu'il se laisse berner par celui-ci ! En tout cas, ce n'est en aucun cas une preuve que vous ne pourrez pas accomplir cette chose (rappelez de l'effet Bannister).

Pour repousser les limites, pour atteindre vos objectifs et accomplir ce que vous souhaitez, il y a plusieurs techniques. L'essentiel est déjà d'être pleinement conscient que c'est possible. Une fois que vous en êtes convaincu, bien sûr, les choses ne se font pas comme cela, il faut de l'entraînement, beaucoup d'entraînements.

Qui dit entraînements récurrents dit beaucoup de persévérance et qui dit beaucoup de persévérance dit avoir de l'amour pour ce que l'on fait.

Il faut avoir de l'amour pour notre activité pour que l'on soit le meilleur dans celle-ci. Il faut être passionné pour être le meilleur dans son domaine. Pensez-vous que Thierry Marx n'aime pas cuisiner ? Ou qu'il aime bien mais sans plus ? Non. C'est une passion, il est habité par cela.

Si vous pensez que vous n'êtes pas bon dans un domaine, la vérité ne réside pas dans le fait que vous soyez fort ou pas. La vérité réside dans le fait que vous soyez intéressé ou pas.

Reprenons l'exemple le plus classique : les mathématiques. Au-delà de mon activité d'auteur, je donne des cours particuliers. Combien de fois mes élèves m'ont dit qu'ils n'étaient pas bons en s'inventant des excuses toutes plus farfelues les unes que les autres telles que « mon cerveau n'est pas fait pour ça » ou « j'ai une logique différente de la plupart des gens ».

Ce n'est pas vrai.

La réalité c'est que depuis tout jeune, personne n'a fait en sorte que les mathématiques leurs soient utiles ou intéressantes.

La faute à qui ? Nulle ne sait.

Mais, effectivement, si les mathématiques ne vous stimulent pas, vous serez mauvais en mathématiques.

Ce n'est pas grave tant que vous êtes conscient que vous pouvez devenir un as du calcul mental simplement en développant une passion pour cela.

Vous ne me croyez pas ?

Regardez toutes les sociétés qui se développent en ce moment dans le domaine de l'éducation et de l'enseignement.

Une très grande partie s'adresse à des enfants (qui n'ont donc pas encore d'aprioris sur leurs capacités) et sont sous formes de jeux, afin de stimuler l'esprit et engendrer la sécrétion de dopamine[8]

Cf : *edokiacademy, mathsenvie…*

Ce chapitre est court car le message est simple.

Comprenez que le fait que vous vous sous-estimiez n'est pas fondé.

Si vous êtes moins bon que quelqu'un c'est que vous êtes moins passionné par le domaine et donc que vous vous êtes moins entraîné, que vous avez moins travaillé dessus.

Il se peut également que vous soyez passionné et que vous êtes en passe de

---

[8] Appelée également l' « hormone du bonheur », la dopamine est une molécule qui transmet des informations entre vos neurones.

devenir le meilleur dans votre domaine mais que ce n'est qu'une question de temps, dans ce cas, ne baissez pas les bras et continuez à prendre du plaisir dans ce que vous faites.

Quoi qu'il arrive, ce ne sera pas une perte de temps car nous apprenons toujours de nos expériences, qu'elles soient réussies ou non.

6

L'importance de la physiologie

« La santé, c'est un esprit sain dans un corps sain ».
Homère

Vous avez forcément déjà entendu cette citation célèbre, criante de vérité. Corps et esprit sont liés, physiologie et psychologie également. Afin d'utiliser son cerveau de façon optimale, vous devez avoir un corps qui fonctionne de façon optimale et inversement.

Votre santé physique influence votre santé mentale et vice versa.

La physiologie, à savoir : la façon dont vous vous tenez, votre comportement, votre allure ou encore votre position, a un impact direct sur vos pensées et sur votre santé.

Plusieurs études démontrent que les pensées positives ont des impacts positifs sur votre corps.

Si vous êtes heureux, votre corps sera plus enclin à être sain, vous aurez en général une meilleure santé que les individus malheureux. C'est la même chose si vous développez des relations fortes et sincères avec vos pairs (voir chapitre 15)

Le simple fait d'être optimiste plutôt que pessimiste vous permettra de guérir plus facilement d'une maladie, ou d'éviter tout bonnement de la développer.

Au contraire, le fait d'être stressé, anxieux, ou négatif mettra votre corps dans de mauvaises dispositions et vous conduira à être en mauvaise santé physique.

Physiologie et psychologie sont étroitement connectées et cette connexion peut être un cercle vicieux ou un cercle vertueux selon la façon dont vous avez décidé de vous comporter et de penser.

Si ce chapitre doit vous apprendre une chose, c'est que la nature est réellement bien faite. Ce n'est pas un hasard si toutes les cultures qui existent sont d'accord sur ce sujet. Un corps en bonne santé entraîne une bonne santé mentale, et une bonne santé mentale entraîne un corps qui fonctionne correctement.

Mais cela va plus loin, car une des façons de prendre soin de notre santé mentale, c'est de communiquer facilement et de faire le bien autour de soi.

L'optimisme, le rire, le contact régulier avec la nature… Tout cela améliore notre immunité, celle des autres et celle de notre planète.

Observez-le vous-même dans votre quotidien : une émotion se traduit toujours par l'apparition de modifications physiques et de nouveaux contenus mentaux.

Lorsque vous êtes dans une situation de peur par exemple, c'est votre corps qui réagira avant votre esprit.

Imaginons que vous ayez le vertige et que vous vous retrouviez au bord d'un précipice, avant de vous imaginer en train de tomber, votre corps va se figer, vous allez chercher à reculer, vous allez avoir les poils qui se dressent et le cœur qui bat la chamade.

En fait, nous avons plusieurs cerveaux[9] et nous avons notamment un cerveau « émotionnel » et un « intellectuel ».

Ce ne sont pas leurs véritables noms mais l'objectif de ce livre, vous l'aurez compris, est aussi de vulgariser les termes pour que la lecture en soit facilitée.

L'objectif est de prendre connaissance des éléments basiques, pas de devenir neuroscientifique.

Il se trouve que l'évolution de l'espèce humaine a fait en sorte que le cerveau émotionnel (aussi appelé reptilien) ait plus d'importance que celui intellectuel.

Notre cerveau émotionnel est celui qui va faire en sorte que votre cœur s'emballe à la vue du vide. Une fois que votre cerveau émotionnel a perçu le danger qui guette et

---

[9] Ce que j'entends par là, c'est que notre cerveau est composé de plusieurs parties.

que votre corps a réagi, il enverra les informations à votre cerveau intellectuel. C'est à ce moment seulement que vous allez commencer à vous imaginer et vous représenter les pires scénarios. C'est aussi le passage de l'inconscient au conscient, du réflexe à la réflexion.

Il se trouve que la communication entre ces deux cerveaux est assez injuste. Le cerveau émotionnel communique beaucoup plus d'information au cerveau intellectuel que l'inverse.

C'est pourquoi les individus ont beaucoup de mal à calmer leurs colères, à maîtriser leurs émotions, ou à canaliser leurs peurs.

Nous tentons alors de nous auto-éduquer en nous disant « Calme-toi, ça va aller, ce n'est rien ». Il arrive aussi que lorsque nous souhaitons rassurer quelqu'un, on lui dise de se calmer, de ne pas stresser. Cela ne fait en fait qu'aggraver la situation.

Il vaut mieux tenter de faire rire la personne et la faire penser à autre chose.

Mais, encore une fois, la communication du cerveau intellectuel vers le cerveau émotionnel est très difficile. Se raisonner est difficile, cela va à l'encontre de notre instinct. Bien sûr, nous avons cette capacité à rationnaliser qui nous empêche d'être totalement sous l'emprise de notre cerveau émotionnel. Comme tout est lié, le corps a aussi un impact sur le cerveau émotionnel, et cet impact **est plus important** que celui que peut avoir notre cerveau intellectuel, qui tente de fournir des messages de relativisations. C'est pour cela que je parlais d' « injustices » un peu plus haut. Peut-être pouvons-nous aussi parler d'inégalités…

Ainsi, le fait de respirer profondément par exemple, aura beaucoup plus d'impact que des mots.

Quoi qu'il en soit, votre cerveau et votre corps sont intimement liés et vous avez un pouvoir sur les deux.

Il ne reste plus qu'à connaître les techniques sur lesquelles vous appuyer pour piloter tout cela de façon efficace !

7

La PNL (Programmation neurolinguistique)

Si vous cherchez « PNL » sur Wikipédia, vous trouverez probablement un groupe de rap français, mais dans le cadre de cet ouvrage, PNL signifie « programmation neurolinguistique ».

C'est une méthodologie qui agit sur les comportements aux moyens du langage. Il va de soi que la PNL ne peut pas simplement se résumer à cette phrase et que cet outil mis au point dans les années

70 par le psychologue Richard Wayne Bandler et le linguiste John Grinder, est beaucoup plus global qu'une simple méthodologie du langage. Global dans le sens où il concerne absolument tout être humain, peu importe la culture, les croyances passées, ancrées ou le niveau d'éducation, de savoir, d'information.

Global également dans le sens où, effectivement, le langage interne et les représentations mentales, agissent sur notre comportement, mais notre physiologie a une responsabilité d'autant plus importante.

Comme je le disais dans le chapitre précèdent, la façon dont nous respirons, dont nous nous tenons, notre tension musculaire en partant de notre mollet droit jusqu'au bout de notre index de la main gauche, ou encore notre pression artérielle…

Tous ces éléments font aussi partie, au même titre que le langage et les représentations internes, de la construction d'une programmation neurolinguistique efficiente.

En fait, si je devais résumer la PNL en une phrase je dirais que c'est « un ensemble de techniques physiques et physiologiques qui, une fois adoptées, sont définitives et permettent un pilotage manuel de notre vie dans son ensemble. »

Lorsque je parle de pilotage manuel, je fais référence à toutes ces personnes, vous en faites peut-être partie, qui ont l'impression et la conviction de faire des choix mais qui n'en font pas en réalité.

Dès 1983, Benjamin Libet démontre à travers une étude scientifique que le libre arbitre n'existe pas.

Même si notre cerveau nous donne l'impression que nous pouvons agir de façon libre, ce n'est pas le cas.

Je m'explique.

Avant de prendre une décision, notre cerveau sait déjà ce que l'on va décider, ce n'est que dans un second temps que la volonté de prendre cette décision passe dans le conscient et que nous la prenons effectivement.

Ainsi, nous avons l'impression de contrôler pleinement nos choix, mais ce n'est pas le cas. Je sais, cela peut paraître difficile à intégrer mais c'est réellement ainsi que nous fonctionnons.

Naturellement toutes les informations dans ce livre peuvent être vérifiées sur Google en quelques secondes, si un exemple ou un sujet vous intéresse, creusez plus loin !

En fait, nos choix sont contrôlés par notre système de pensées, notre code génétique, notre subconscient, l'environnement social et sociétal dans lequel nous avons évolués et encore par un certain nombre d'autres éléments.

Mais surtout pas par notre libre arbitre.

Encore une fois, l'objet de cette première phase du livre est de prendre pleinement conscience de toutes ces réalités.

Par la suite, nous apprendrons à passer d'un mode « automatique » à un mode « manuel ». Nous apprendrons à ne plus nous laisser guider par nos émotions, nos schémas de pensées prédéfinis et nos croyances limitantes.

C'est ce que permet la PNL.

Tout le monde souhaite réussir, tout le monde souhaite être heureux et tout le monde s'idéalise dans l'avenir, je le faisais aussi et je continue parfois, c'est tout à fait naturel.

Tout le monde fait cela. Et ce n'est pas mal en soi.

Ce qui compte, c'est de faire une introspection sur ce que l'on souhaite vraiment et en définir ainsi des objectifs.

Mais si cela était aussi simple, tout le monde deviendrait génial assez rapidement.

Alors quelles sont les différences entre les personnes qui réussissent, qui appliquent leurs engagements, qui agissent, qui transforment leurs paroles en actes et retranscrivent leurs volontés dans leurs réalités, et ceux qui ne font que repousser les échéances et n'arrivent pas à appliquer leurs engagements ? Et ceux qui n'y arrivent pas, est-ce réellement de leur faute ?

La programmation neurolinguistique nous donne les clefs pour ouvrir tous les accès cachés de notre esprit.

Un peu plus haut, je disais que nous étions de plus en plus, à notre époque, dans une utilisation de notre cerveau automatique.

J'avais acquis cette pensée grâce à la PNL mais c'est Marc DUGAIN et Christophe LABBE qui ont mis des mots sur ce phénomène avec leur ouvrage « L'Homme nu, la dictature invisible du numérique ».

Depuis des millénaires l'Homme tente par tous les moyens d'améliorer sa vie, ou plus exactement son confort de vie. C'est humain de vouloir conquérir, découvrir, aller plus loin que ce que l'on connaît déjà, vouloir toujours plus finalement.

C'est ce qui explique les vagues de progrès techniques que nous avons connues depuis le 18ème siècle et celles antérieures.

Aujourd'hui l'Homme a su améliorer son train de vie au point que, contrairement à ce que la plupart des gens imaginent, un enfant africain provenant d'une région les plus pauvres mange mieux et a plus de chances de grandir en bonne santé qu'une jeune fille du 19ème siècle issue d'une famille aisée logeant sur Paris. Le progrès a fait beaucoup de bien à l'humanité dans son ensemble. A côté de cela, l'Homme devient de plus en plus assisté, nous n'avons presque plus besoin de réfléchir dans notre quotidien et ce sera encore plus vrai dans notre futur.

Tout est organisé de façon à ce que nous nous laissions guider par notre subconscient, tout en nous donnant l'impression que nous avons toujours un choix conscient à faire. Quand je dis que nous n'avons plus besoin de réfléchir, je parle de tous ces objets connectés qui nous rendent finalement dépendant d'eux.

Je ne dis pas qu'il faut vivre en autarcie à l'écart de toute forme d'innovation, je dis simplement qu'il faut apprendre à utiliser intelligemment le digital, l'utiliser à son avantage et ne pas être dépendant de lui.

Vous l'aurez compris, c'est exactement la même chose avec notre cerveau – l'utiliser à son avantage et ne pas être dépendant de ses volontés.

Il faut juste apprendre à utiliser intelligemment son cerveau, à comprendre de quoi il est capable, de quoi **vous** êtes capable.

Vous verrez dans la suite du livre que c'est vous-même qui décidez inconsciemment de vous plonger dans tel ou tel état, que ce soit la dépression comme l'euphorie.

Dans le prochain chapitre, nous allons commencer à relier le savoir et le passage à l'acte.

8

Les biais cognitifs

Vous en avez surement déjà entendu parler, les biais cognitifs sont ces fameux automatismes que notre cerveau possède.

Il est capital d'appréhender ces mécanismes et de les comprendre afin de mieux cerner nos pensées et celles des individus qui nous entourent. Il y a une multitude de biais cognitifs plus ou moins fréquents, mais la particularité des biais cognitifs est qu'ils sont simples à comprendre.

Ils sont à la fois curieux et remplis de bon sens.

Ils peuvent nous pourrir la vie ou nous faciliter les décisions que nous prenons. Concrètement, ils existent pour que notre cerveau ne se fatigue pas trop, lui qui consomme à lui seul 25% de notre énergie.

Encore une fois, les biais cognitifs sont très nombreux, mais nous allons nous concentrer sur ceux qui ont un rapport direct avec le contenu de ce livre.

Nous allons donc voir 4 biais cognitifs que vous vous devez d'avoir en tête dans votre quotidien afin d'être conscient que vous pouvez aller au-delà, prendre du recul et contrôler vos pensées et vos actions. C'est biais sont propres à l'espèce humaine dans son ensemble et non seulement à la culture occidentale.

Les biais cognitifs étant facilement concevables, n'hésitez pas à les observer par vous-même dans votre quotidien.

1. Le biais de confirmation

Le biais cognitif de confirmation est la tendance qu'un individu peut avoir à ne rechercher et ne prendre en considération que les informations qui confirment ses croyances et à ignorer ou discréditer celles qui les contredisent.

L'humain aime avoir raison (et trouver des raisons à ce qu'il ne comprend pas), chacun de nous pense avoir la vérité absolue sur certains sujets. Sauf que la réalité varie selon l'individu. Nous avons en fait du mal à être totalement neutre sur un sujet pour lequel nous avons déjà reçu des informations.

Nous pouvons prendre l'exemple de la médecine.

Certaines pensent que la médecine naturelle est meilleure, d'autres que la médecine conventionnelle est plus performante.

Et bien le biais de confirmation fera en sorte que les individus ayant la croyance que la médecine naturelle est la plus bénéfique ne prendront en compte que les arguments qui iront dans ce sens et passeront totalement à côté des arguments allant dans l'autre direction. Tout cela de façon inconsciente la plupart du temps.

Et cela fonctionne aussi dans le sens inverse pour les amateurs de médecine conventionnelle.

Attention, l'enjeu ici n'est pas de savoir qui a raison ou qui a tort, mais bien de comprendre que lorsque des croyances sont profondément ancrées en nous, nous avons du mal à les remettre en question et cherchons par tous les moyens à confirmer nos pensées, à avoir raison, quitte à avoir des arguments moins pertinents.

Cela fonctionne dans tous les domaines.

2. Le biais de négativité

Le biais cognitif de négativité vous sera néfaste !

C'est la tendance que nous possédons tous (du moins, sans travail conscient) à donner plus d'importance, plus de poids, aux expériences négatives qu'aux expériences positives que nous avons. C'est le fait de se souvenir davantage, et de donner plus d'importance à votre échec à un examen plutôt qu'à votre réussite à obtenir la meilleure note de la classe. C'est le fait de vous ressassiez l'échec sentimental que vous vivez ou que vous avez vécu, plutôt que de vous remémorer l'ensemble des des belles expériences. Le fait de vous attarder sur cette fois où vous avez perdu 20 euros dans la rue plutôt que de penser à combien vous avez été payé cette année et tout ce que vous avez pu accomplir avec cet argent.

Le fait de penser davantage à l'échec qu'a la réussite, à la tristesse qu'à la joie, au malheur que bonheur, à la mort qu'à la vie.

Bref, vous l'avez compris, le biais de négativité vous pourrit la vie, soyez conscient qu'il existe, et faites en sorte de le dépasser grâce aux techniques de la seconde partie du livre.

3. Le biais de cadrage

Le biais cognitif de cadrage est intéressant pour votre faculté à prendre du recul sur les choses et pour comprendre comment d'autres individus peuvent penser des choses complétement différentes que vous.

Le biais de cadrage, c'est le fait d'être influencé par la façon dont un problème est présenté.

Par exemple, si vous devez convaincre quelqu'un d'effectuer ou non quelque chose, la façon dont vous allez lui présenter la chose modifiera radicalement son envie ou pas de vous écouter.

L'exemple de l'opération chirurgicale est facilement visualisable.

Si vous êtes chirurgien et que vous souhaitez convaincre votre patient qu'une opération est nécessaire, vous avez beaucoup de chance qu'il accepte si vous lui parlez de la réussite de l'opération.

Ainsi il faudra lui dire « Cette opération est un franc succès dans plus de 90% des cas ».

Si vous lui dites l'inverse : « Cette opération est un échec dans 10% des cas », même si cela revient exactement au même, vous vous doutez bien que votre patient réfléchira à deux fois avant d'accepter, il sera beaucoup plus réticent car il s'imaginera le pire.

Voilà ce qu'est le biais de cadrage.

Pour chaque information que vous recevez, notamment dans le monde de la pub et du marketing, demandez-vous pourquoi l'entreprise décide de vous la transmettre dans ce sens et qu'est-ce que cela implique si l'on inverse le cadrage (les chiffres).

4. Le biais de conformisme

Ce dernier biais cognitif est plus positif que les autres. Il s'agit de la tendance des individus à penser et agir comme les autres le font.

Certains l'appelleront l'effet mouton, je le considère plutôt comme une faculté à imiter. Nous allons voir que l'imitation fait partie des techniques indispensables à mettre en place afin de réussir à atteindre ses objectifs.

L'être humain, depuis le plus jeune âge, se conforme à l'environnement dans lequel il évolue et cela est encore une fois un gain d'énergie.

La première partie de ce livre est maintenant terminée.

Il est absolument crucial que vous intégriez l'ensemble des premiers chapitres afin d'appliquer les enseignements des suivants. Nous avons vu la théorie, faisons maintenant place à la pratique !

Seconde Partie

Les techniques

à adopter

Nous y sommes, la deuxième partie, nous allons (enfin) pouvoir découvrir quelles sont les techniques qui vont nous permettre d'appliquer les enseignements de la première partie du livre.

Si vous lisez ceci sans avoir lu l'ensemble de la première partie, je vous conseille de reprendre dans l'ordre correct.

Commençons directement par ce qui a eu le plus d'impact dans ma vie au quotidien : la modification d'état.

9

Modifier son état

en un clic

Dans ce chapitre, je vais vous fournir un ensemble de techniques toutes très simples à appliquer qui produisent des résultats parfois bluffant.

Lorsque l'on parle de modifications de l'état, on fait référence au fait d'être capable pour un individu qui serait piloté par son cerveau en automatique, de reprendre le dessus et de passer en mode manuel.

Une fois ce mode manuel atteint, c'est nous même qui allons décider de comment on souhaite se sentir à l'instant précis.

Concrètement, vous êtes avec des amis, vous ne vous sentez pas de très bonne humeur, ou vous vous ennuyez, et bien vous pouvez modifier cet état instantanément. Il existe deux voies pour modifier instantanément son état. La physiologie, qui est la plus efficace, et la psychologie, qui est la plus subtile.

Modifier son état grâce à sa physiologie :

Tout d'abord, vous pouvez modifier votre état émotionnel en un instant grâce à votre physiologie.

Comme nous l'avons vu dans le chapitre 6, la physiologie a un rôle crucial en psychologie.

C'est du bon sens, mais c'est tellement vrai, essayez par vous-même : marchez en traînant les pieds, en respirant à peine, en ayant le regard vers le sol, en ayant le dos vouté, en vous faisant le plus petit possible, et en marchant lentement.

Faites-le et essayez de prendre conscience de ce à quoi vous pensez pendant que vous le faites. Vous allez vite vous rendre compte que vos pensées sont négatives, que vous perdez votre confiance en vous et votre énergie.

Maintenant, faites le même exercice de marche mais en étant plus dynamique, ne traînez plus les pieds, prenez de la hauteur, grandissez-vous le plus possible, maintenez votre dos droit, regardez devant vous, au loin, respirez profondément, soyez fiers !

Quelles sont vos impressions, êtes-vous toujours aussi négatif ?

N'est-ce pas beaucoup plus agréable ? N'avez-vous pas un sentiment de puissance, de liberté, de confiance en vous ?

Vous avez réussi à changer votre état d'esprit en quelques secondes, seulement en modifiant votre physiologie. Faites-le en boucle, ça finira par être une habitude et cela améliorera votre vie.

Pour reprendre l'exemple de la présence d'amis autour de vous, si vous êtes assis cela fonctionne aussi : redressez-vous, souriez, montrez vos mains. Votre état changera et **celui des autres aussi.**

Un autre petit « Tips » simple et efficace consiste à vous regarder dans le miroir et à sourire. Je sais, cela peut paraître bête, mais notre cerveau fonctionne comme cela, essayez ! Vous êtes instantanément plus heureux. Cela fonctionne même sans miroir.

Ce qui est curieux, c'est que même avec les autres ce phénomène se produit.

Discutez avec quelqu'un et mettez-vous à lui faire un léger sourire, vous verrez qu'instantanément il va être plus détendu et vous sourire à son tour. Si jamais ce n'est pas le cas, c'est soit que votre sourire ne parait pas naturel, soit qu'il vous en veut pour quelque chose, soit qu'il manque d'empathie.

Cela s'appelle l'effet miroir et cela a un poids conséquent dans la façon dont vous bâtissez vos relations avec les autres.

Si vous discutez avec quelqu'un que vous ne connaissez pas encore et que vous voulez apprendre à connaître, adoptez discrètement et naturellement la même position que lui/elle. Jambes croisées ? Faites de même.

Epaules haussées ? Vous aussi. Tics gestuels (se gratter le front par exemple) ? Vous êtes les mêmes !

Evidemment, faites cela discrètement, si la personne s'en rend compte cela ne fonctionne plus.

Le fait de faire ça, en ajoutant un léger sourire contagieux, mettra la personne en confiance.

Elle aura l'impression que vous lui ressemblez, et le proverbe qui se ressemble s'assemble prend tout son sens (au passage, le proverbe « les opposés s'attirent » ne fonctionne pas dans le cadre des relations humaines à long terme.

Vous noterez également qu'en faisant cela, en imitant la physiologie des individus avec qui vous souhaitez créer des relations, vous adoptez aussi leur façon de penser puisque nous venons de voir que la physiologie avait un impact direct sur la psychologie. Pour remédier à cela il y a un autre outil. Cet outil permet de modifier son état en passant directement par les pensées.

Modifier son état grâce à la psychologie : les points d'ancrages :

Les points d'ancrages, que l'on pourrait aussi appeler les « coups de fouets », sont des rappels que vous devez créer consciemment pour qu'ils interviennent automatiquement dans la suite de votre vie. Le point d'ancrage va être une action que vous allez effectuer ou une pensée que vous allez imaginer, ou encore les deux en même temps.

C'est une ressource que vous allez pouvoir exploiter afin de vous plonger dans un état d'esprit particulier.

Ce point d'ancrage peut servir, par exemple, à diminuer votre stress avant une prise de parole en public.

Dans ce cas, vous pouvez faire appel à un point d'ancrage que vous aurez mis en place dans le passé et qui pourrait ressembler à cela : Une pensée positive sur un ancien événement + s'asseoir et se toucher les deux genoux. Si vos points d'ancrages ont été correctement réalisés, le fait de faire cela vous mettra instantanément dans un état souhaité avant d'effectuer telle ou telle action.

L'essentiel est alors de comprendre comment créer et mettre en place des points d'ancrages. Finalement, si on devait résumer le point d'ancrage, c'est une façon de plonger dans un état instantanément, en pensant à quelque chose en particulier ou en effectuant un mouvement ou une action particulière.

Si le point est bien ancré en vous, cela se fera de façon inconsciente. Si ce n'est pas le cas, il faut continuer à l'ancrer. Nous allons voir comment faire en sorte d'avoir des points d'ancrages efficaces.

Il y a deux grands types de moyens de mettre en place des points d'ancrages.

Le premier est la répétition.

Dans ce cas, il va falloir que vous pensiez plusieurs fois par jour à ce point d'ancrage et que vous établissiez le lien de façon répétitif (le lien entre votre état d'esprit actuel, votre point d'ancrage, et votre nouvel état d'esprit).

Prenons un exemple : vous souhaitez arrêter de fumer. Faites l'exercice si c'est le cas ou appliquez l'exercice à une autre chose sur laquelle vous souhaitez reprendre le contrôle.

Pensez consciemment (mettez-le à l'écrit) aux effets négatifs du tabac.

Listez tout ce qui est néfaste pour votre corps, visualisez ces choses-là, visualisez-vous en train de vous faire opérer d'un cancer des poumons, sentez la douleur que la fumée vous procure, dans votre gorge, dans vos bronches, dans vos poumons, sentez votre souffle réduit, coupé.

Lorsque vous pensez à tout cela, fermez les yeux touchez votre genou gauche avec votre main gauche. Visualisez tous les effets négatifs en grand écran dans votre for intérieur, sentez les odeurs, touchez la maladie, entendez vos proches souffrir.

Puis, petit à petit, floutez ces visions, ralentissez la vitesse des voix, allez-y plus doucement.

Continuez en réduisant la taille de l'image que vous avez en tête, mettez-la à distance, elle part de plus en plus loin, elle est de plus en plus petite, et elle est devenue complétement floue et inaudible. Placez-la dans le coin en haut à gauche de vos représentations visuelles internes, en tout petit.

D'un autre côté, pensez à tous les effets positifs liés à l'arrêt du tabac : votre santé, votre énergie, votre fraîcheur, votre fierté personnelle, la fierté de vos proches. Pensez à tous ces effets positifs en fermant les yeux et en touchant votre genou droit avec votre main droite.

Visualisez-vous dans cet état de plénitude et remplacez l'ancienne image négative par celle-ci beaucoup plus positive.

Mettez cette image positive au premier plan, en grand écran, avec la meilleure netteté possible, les voix bien audibles et le rythme dynamique, le soleil, le sourire, les couleurs.

Dans le même temps, détachez vote main gauche de votre genou gauche et concentrez vos sensations sur votre main droite placée sur votre genou droit.

Faites l'exercice plusieurs fois : main gauche sur le genou gauche, pensées négatives autour de l'habitude dont vous souhaitez vous séparer, main droite sur le genou droit, pensées positives et visualisation de vous après avoir arrêté cette mauvaise habitude et en avoir pleinement profité.

Vous venez de créer un point d'ancrage.

À chaque fois que vous souhaitez fumer, faites appel à vos points d'ancrages.

Asseyez-vous, respirez, et faites l'exercice.

Au bout d'un moment, vous n'aurez plus besoin de toucher le genou.

À moyen/long terme, vous n'aurez plus besoin du physique pour faire appel à vos points d'ancrages.

Le seul fait de vous imaginer en train de fermer les yeux et de toucher vos genoux vous procurera le même effet.

Naturellement, les points d'ancrages sont propres à chacun et c'est un réel travail conscient de les mettre en place, mais une infinité de combinaisons sont possibles et vous pouvez utiliser les points d'ancrages pour de très nombreuses raisons.

Nous venons de voir comment mettre en place un point d'ancrage par la façon répétitive, ce qui est la méthode la plus simple et en même temps la plus longue, mais sachez également que vous pouvez mettre en place des points d'ancrages sans répétitions dans des moments émotionnels forts.

D'ailleurs, notre cerveau de façon naturelle fait lui-même des points d'ancrages, nous avons tous vécus des événements qui refont soudainement surface lorsqu'un mot est prononcé ou lorsque nous voyons/sentons quelque chose.

L'objectif est alors de faire un travail conscient lorsque l'on vit ce type d'évènement émotionnel (sauter en parachute, prendre la parole en public, etc…).

Lorsque vous vivez ces événements, réduisez votre stress en concentrant vos pensées sur un objet précis. Pour cela, lorsque vous êtes en train de vivre un moment de joie, de puissance ou d'euphorie, pensez à un objet, fixez vos pensées dessus.

Plus tard, lorsque vous penserez à cet objet, un lien sera fait avec l'expérience positive que vous avez vécue dans votre passé, et vous pourrez vous mettre dans le même état psychologique que celui dans lequel vous étiez lors de l'expérience (détendu, détaché..). Pour reprendre mon exemple, donc, vous serez plus à l'aise pour prendre la parole en public.

Même si la situation dans laquelle vous êtes est beaucoup plus angoissante au premier abord.

10

Apprendre
à apprendre

Ce chapitre pourrait faire l'objet d'un livre complet mais je vais le synthétiser afin de vous fournir l'essentiel de ce que vous devez intégrer pour apprendre de façon optimale.

À l'heure de l'internet, où l'information est abondante, quiconque dans le monde peut devenir expert dans un domaine, peut apprendre autant qu'il le souhaite, nous l'avons vu dès le 1er chapitre.

Des plateformes se sont créées telles que Coursera ou encore Udemy.

Ces plateformes permettent de suivre des cours en ligne à distance à des budgets raisonnables.

L'idée de Coursera, notamment, est révolutionnaire : mettre une caméra dans les salles de classe des universités les plus prestigieuses de la planète et diffuser les cours en ligne.

Là où auparavant à Stanford seulement 40 étudiants obtenaient leur diplôme en Intelligence Artificielle le plus poussé chaque année, en 2015, plus de 10 000 personnes l'ont obtenu. Parmi ces 10 000 personnes, 7000 sont des individus issus du Tiers-Monde, et 5000 ont moins de 18 ans.[10]

---

[10] Source : Oussama Ammar, co-fondateur de The Family.

L'apprentissage est donc accessible.

Au-delà de ces plateformes, vous avez bien sur les moteurs de recherches tels que Google ou Ecosia, qui répondront à chacune de vos requêtes.

Il est donc important de vivre avec son temps et de comprendre que nous vivons une ère qu'un autre humain n'a pu connaître : l'ère de l'information à portée de tous. Prenez le réflexe de chercher sur Google quand vous ne savez pas quelque chose, ou de vous former sur Coursera quand vous avez un projet, prenez conscience de cette chance.

Ce chapitre n'est pas consacré à comment trouver l'information mais comment apprendre une nouvelle discipline, un nouveau discours, une nouvelle compétence, ou encore un nouveau savoir, de façon efficiente.

Concrètement, il y a plusieurs techniques pour apprendre quelque chose, nous verrons dans le chapitre suivant que l'apprentissage est en grande partie lié à la mémoire.

Mais il m'a quand même paru important de distinguer apprendre et mémoriser car les deux exercices ne sont pas les mêmes : l'apprentissage est de la découverte, la mémorisation est de l'ancrage.

Alors comment faire pour apprendre efficacement quelque chose ? Les dernières études en neurosciences ont prouvées que l'apprentissage passe par l'enseignement, par l'action d'enseigner.

Je m'explique.

Pour correctement apprendre quelque chose de nouveau, vous devez dans un premier temps l'appréhender, le comprendre globalement puis dans un deuxième temps l'enseigner, il y n'y a rien de mieux pour apprendre. Prenons un exemple : vous souhaitez apprendre à programmer des logiciels.

La façon la plus efficace de faire sera, dans un premier temps, de faire un travail de recensement d'informations sur internet.

Faites des fiches, classez les éléments, suivez des cours, comprenez le fonctionnement et l'utilité au moins une fois de chaque outil, faites rapidement le tour du sujet sans aller vraiment en profondeur (le fait de vouloir aller très en profondeur est d'ailleurs l'erreur fondamentale de beaucoup d'apprenants, vous irez en profondeur quand vous maîtriserez parfaitement la surface et que vous aurez besoin d'une information ou d'un savoir très précis en profondeur.)

Dans un second temps : enseignez !

Pour cela, regroupez des connaissances dans votre entourage qui souhaitent découvrir la programmation, qui souhaite apprendre à programmer. Si personne dans votre entourage ne veut entendre parler d'informatique, inscrivez-vous sur une plateforme de professeur en ligne, telle que Superprof.fr

Indiquez dans votre description que vous connaissez au minimum le sujet et ne faîtes pas payer vos cours, si ce n'est à un prix dérisoire.

Au début, c'est normal, vous n'allez pas être à l'aise, mais au fil du temps vous allez vous rendre compte que le fait d'enseigner quelque chose à quelqu'un va vous rendre beaucoup plus expert dans le sujet que si vous l'aviez étudié seul dans votre coin. Pourquoi ? Il y a plusieurs raisons.

Premièrement, en enseignant une discipline à un apprenant, vous allez vous-même faire un effort intellectuel et vous allez devoir faire appel à votre mémoire, cette mémoire, comme nous allons le voir dans le chapitre suivant, est plus efficace quand vous éprouvez des émotions, que vous avez de la pression, ce qui devrait être le cas si vous enseignez la programmation alors que vous n'y connaissiez rien 2 ou 3 semaines plus tôt.

Vous allez finalement structurer et ancrer de façon permanente les informations puisque vous devrez les retrouver dans votre cerveau et les restituer.

Deuxièmement, le fait d'enseigner à quelqu'un une discipline va vous permettre de vous rendre compte des points que vous maîtrisez totalement et ceux pour lesquels vous avez encore du mal.

Vous saurez donc quel sujet travailler pour améliorer votre connaissance du domaine.

Troisièmement, l'apprenant vous posera de temps en temps des questions auxquelles vous serez incapable de répondre, parce que vous n'y aurez tout simplement même pas pensé et que deux cerveaux fonctionnent mieux qu'un seul !

Peut-être que les « élèves » vous poseront des questions qui remettront complètement en cause les cartes mentales que vous aurez imaginées et c'est cela qui vous fera avancer.

Enfin, quatrièmement, le fait d'être l'enseignant vous donnera une position de responsable qui n'aura d'autres choix que de fournir aux apprenants l'information dont ils ont besoin. Cela va donc vous amener à travailler plus et mieux afin de satisfaire les personnes à qui vous enseignez. Vous l'aurez donc compris :

pour apprendre, le secret est de faire apprendre. Et cela fonctionne dans tous les domaines ! Vous souhaitez apprendre l'histoire de France ? Racontez-là à des enfants ! Vous allez vite vous rendre compte des passages que vous ne maîtrisez pas, soit à travers leurs questions, soit parce que vous aurez vous-même des doutes à certains moments.

Vous allez donc vous renseigner de votre côté, travailler le sujet, et recommencer.

L'apprentissage par la pratique est de très loin plus efficace que par la théorie.

Visualisez-vous une seconde entrain de tenter d'apprendre à quelqu'un qui n'est jamais monté sur un vélo à en faire juste avec la parole. Encore une fois, c'est le même fonctionnement pour toutes les disciplines. Notre cerveau ne fait pas de différence entre apprendre à faire du vélo ou apprendre à construire un avion.

Bien-sûr, certaines disciplines demeurent cependant beaucoup plus théoriques que pratiques.

C'est justement pour cela que les disciplines très théoriques doivent être pratiquées via l'enseignement.

En enseignant à quelqu'un un concept théorique, c'est comme si vous exerciez la discipline, c'est comme si vous étiez sur le vélo et que vous pédaliez pour montrer l'exemple.

Vous l'aurez donc compris, le secret pour apprendre de manière efficiente : la pratique, que ce soit par l'enseignement ou par l'action.

Pour finir avec l'exemple de la programmation, pourquoi ne pas faire les deux : donner des cours et en même temps développer votre propre logiciel.

Je peux vous assurer qu'en quelques mois vous aurez mis le doigt sur toutes les facettes qui vous posent problèmes et que vous les aurez dépassées.

Un dernier exemple : l'apprentissage d'une langue ?

Pourquoi certains d'entre nous passent 10 ans de leur scolarité à apprendre l'anglais par la théorie et savent à peine construire une phrase alors que d'autres partent 6 mois aux USA et reviennent bilingue ? La pratique.

Vous n'avez pas le budget pour partir aux USA ? Tandem.

Tandem est une illustration de ce que je vous disais au début du chapitre, que l'ère informatique permet à quiconque d'avoir des compétences dans un domaine même sans budget.

Tandem est une application créée dans le but d'apprendre à communiquer dans une langue.

Vous êtes mis en relation avec des millions de personnes à travers le monde dont le seul objectif est de discuter et d'avoir des échanges à la fois écrits et oraux dans une langue étrangère.

Il ne vous reste plus qu'à télécharger l'application et trouver un américain qui souhaite apprendre le français, vous communiquez donc avec lui dans les deux langues et vous vous apprendrez mutuellement des choses, et puis qui sait, le fait d'enseigner le français à un étranger vous permettra peut-être d'améliorer vous aussi votre communication et votre expression française, non ?

Afin d'aller plus loin dans l'efficacité de votre apprentissage, il est crucial de vous connaître et de savoir comment votre cerveau fonctionne : quels sont vos facilités et vos axes d'améliorations.

Pour cela, vous devez comprendre comment fonctionne votre mémoire, c'est l'objet du chapitre 11.

11

La mémorisation efficiente

Cet ouvrage étant destiné à un public large, je me dois tout d'abord d'expliquer le terme d'efficience et surtout la différence entre l'efficience et l'efficacité. L'efficacité va mesurer la production (l'efficacité) de tel ou tel élément sans prendre en compte les ressources utilisées pour parvenir à la production.

L'efficience va mesurer à la fois l'efficacité et les ressources utilisées pour atteindre un objectif.

Concrètement, faire Paris-Marseille en avion c'est efficace parce que c'est rapide, mais c'est extrêmement coûteux en termes d'énergies fossiles. Faire Paris-Marseille en train, c'est plus efficient, car c'est un tout petit peu plus long mais moins d'énergie est nécessaire et cette dernière est plus propre. Il s'agît donc ici de mémoriser de façon efficiente, c'est à dire sans utiliser une quantité énorme d'énergie, mais en arrivant tout de même à un résultat similaire.

Tout comme le chapitre précédant, celui-ci aurait pu faire l'objet d'un livre complet tant le sujet est vaste. Je vais donc tenter de vous donner les techniques principales que j'utilise moi-même au quotidien et qui ont été scientifiquement validées.

Tout d'abord, chaque individu étant différent, chaque cerveau fonctionnant de façon unique, il est crucial de vous connaître et de comprendre le fonctionnement de votre propre machine interne. Faites donc le test de mémoire suivant pour vérifier si votre mémoire est plutôt auditive ou visuelle.

Test de mémoire visuelle :

1. Demandez à quelqu'un de faire une liste de 20 mots.

2. Visualisez ces 20 mots pendant 1 minute en tentant d'en retenir un maximum. (Sans les noter nulle part, bien sûr)

3. Restituez les 20 mots sur une feuille en 1m30.

4. Comptez le nombre de mots que vous avez retrouvé, ne comptez que les mots justes.

Test de mémoire auditive :

1. Demandez à quelqu'un de faire une liste de 20 mots.

2. Demandez à la personne de vous lire les 20 mots lentement à haute voix.

3. Restituez les 20 mots sur une feuille en 1m30.

4. Comptez le nombre de mots que vous avez retrouvé, ne comptez que les mots justes.

En général, en faisant ces deux tests, les individus se rendent rapidement compte si leur mémoire est plutôt auditive ou visuelle. Dans mon cas, j'ai une mémoire beaucoup plus visuelle qu'auditive, je suis capable de retrouver 18-19 mots en visuel.

En revanche, je n'ai pas beaucoup de mémoire auditive, je suis capable d'en retrouver 10-12.

La plupart des gens ont une mémoire plutôt visuelle. La moyenne de mots retrouvés à ces tests est de 13-15. Si j'arrive à atteindre 18-19 mots c'est que je visualise concrètement chaque mot en créant une histoire avec ce qu'ils représentent, j'y reviens par la suite.

Quoi qu'il en soit, maintenant que vous savez quelle type de mémoire vous avez, à vous de travailler en conséquence.

Si votre mémoire est visuelle, faites-vous des schémas, des cartes mentales, visualisez ce que vous devez apprendre.

Si votre mémoire est auditive, faites-vous des enregistrements, des podcasts, créez des chants.

Plusieurs éléments sont importants à intégrer pour mémoriser de façon efficiente.

1. Adapter les exercices

Premièrement, comme nous venons de le voir, vous devez adapter votre forme de mémorisation en fonction de là ou vous êtes le plus à l'aise.

2. La répétition

Deuxièmement, comme vous devez le savoir, la mémorisation passe par la répétition. Ainsi, vous devez absolument revenir plusieurs fois sur ce que vous souhaitez mémoriser. Si vous avez une discussion avec quelqu'un, vous allez vous souvenir 10 minutes après de cette conversation, un peu moins le lendemain, et plus du tout 6 mois plus tard.

Sauf si la conversation vous a vraiment intéressé.

Dans ce cas-là vous allez vous en souvenir longtemps et sans effort pour une seule et bonne raison : vous y aurez repensé.[11]

Pour schématiser ce que je viens de vous expliquer, voici la courbe d'Ebbinghaus :

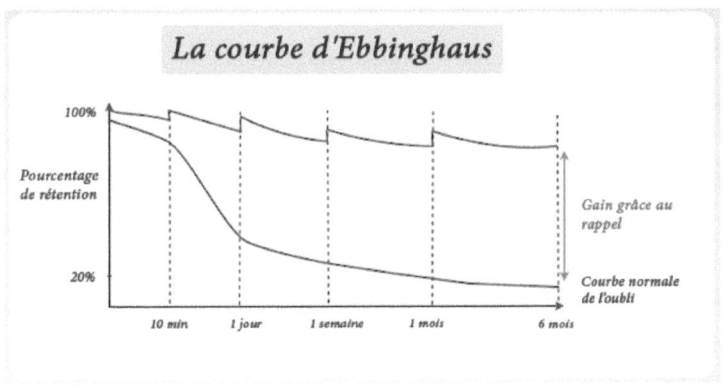

Comme vous pouvez le constater, le fait de revenir sur un élément au bout d'un jour, une semaine, un mois et 6 mois, donc seulement 4 fois en tout, permettra de faire

---

[11] Au passage, quand vous restituez à quelqu'un une information, vous pensez en fait simplement à la dernière fois à laquelle vous avez pensé à cette information.

passer cet élément de votre mémoire court terme (instantanée, présentielle) à votre mémoire long terme, celle grâce à laquelle vous vous souvenez de votre prénom.

Le deuxième point est donc la répétition, ce qui n'est pas une grande surprise, mais ce que vous devez retenir c'est que cette répétition doit être effectuée sur une longue durée.

Si vous apprenez par cœur un texte en vous le répétant chaque jour pendant une semaine, au bout de 2 ans vous ne vous rappellerez plus d'un seul mot.

Alors que si vous apprenez un texte, que vous répétez l'exercice le lendemain, que vous laissez reposer votre cerveau et que vous faites la même chose la semaine suivante, que vous laissez à nouveau reposer votre cerveau et que vous répétez cela au bout d'un mois et encore au bout de 6 mois, il y a de fortes chances que 2 ans après ce texte soit encore dans votre mémoire et mieux que ça, vous allez surement le connaître toute votre vie.

Il est crucial de comprendre et d'intégrer que votre mémoire n'a **pas de limites.** Certaines personnes retiennent des informations extrêmement nombreuses et complexes, leur cerveau n'est pas meilleur que le vôtre, il est juste plus entraîné, plus musclé.

3. La concentration

Ce troisième élément n'est pas le plus crucial ni le plus révolutionnaire mais il est pourtant de plus en plus oublié et les individus ont du mal à l'appliquer.

Lorsque vous êtes en phase d'apprentissage, de mémorisation, vous devez absolument vous concentrer à 150% sur l'élément que vous souhaitez mémoriser, vous devez vous le visualiser, vous le restituer, ne penser qu'à ça, ne pas être distrait par quoi que ce soit d'autre.

Mais personne ne peut être concentré pendant des heures et des heures d'affilées, c'est pour cela qu'il est important de faire des petites sessions et de se reposer souvent.

Vous serez plus productif en travaillant 30 minutes à fond, en vous reposant 20 minutes, et en reprenant le travail intensif pendant 30 minutes et ainsi de suite, qu'en travaillant non-stop pendant 3 heures et en vous reposant pendant 2 jours.

La concentration est précieuse, votre cerveau utilise beaucoup d'énergie lorsqu'il est concentré sur une tâche précise et cet état ne peut pas durer indéfiniment.

Encore une fois, la répétition doit se faire sur la durée et non pas en une fois.

Si vous lisez en boucle un texte à apprendre pendant 3 heures, vous l'aurez moins en tête à la fin de la journée que si vous aviez fait l'alternance des 30 minutes / 20 minutes 4 ou 5 fois d'affilées.

4. Votre lien avec le sujet à mémoriser

Pour mémoriser de façon efficiente, vous devez aussi créer un lien entre votre sujet et vous.

Vous devez apprécier véritablement ce que vous tentez d'apprendre, la tâche en sera beaucoup plus simplifiée.

Si vous n'aimez pas directement ce que vous apprenez, la mémorisation sera beaucoup plus difficile.

Si vous ne trouvez rien qui vous permette d'aimer véritablement ce que vous devez mémoriser, demandez-vous si la mémorisation de cet élément est alors vraiment pertinente ?

Votre objectif final doit être attirant, c'est cet objectif qui vous apportera la motivation nécessaire à produire cet effort intellectuel.

Comme nous allons le voir dans le chapitre suivant qui concerne la productivité, le fait d'aimer ce qu'on fait est un atout surpuissant pour nombre de choses, la mémorisation en fait partie.

5. Vivre une émotion

La mémoire est aussi très liée à nos émotions.

Peu importe que celles-ci soient négatives ou positives, notre cerveau a tendance à beaucoup mieux enregistrer en mémoire ce que nous vivons lorsque nous éprouvons des émotions fortes.

Lorsque nous ne sommes pas dans un état très émotif, nous retenons moins bien les choses.

Par exemple, si vous vivez un braquage, vous allez être dans un état émotionnel très particulier qui va faire qu'en général vous vous souviendrez de nombreux détails pendant longtemps. Il se peut aussi qu'au contraire, votre cerveau veuille effacer la scène et vous fasse complétement oublier l'incident.

Autre exemple, si vous avez un fou rire avec des amis lors d'une sortie, vous allez davantage enregistrer cette sortie qu'une autre pendant laquelle vous n'aviez pas vraiment ressenti d'émotions.

Le plus difficile est alors de se plonger dans cette fameuse émotion, volontairement, pour mémoriser davantage. Je ne vous conseille pas de vous plonger dans des mauvaises émotions pour mieux mémoriser, même si cela est efficace ce ne serait pas efficient.

Je vous conseille donc plutôt de vous plonger dans de bonnes émotions, telles que le rire ou encore l'excitation.

Si je dois revenir sur l'exemple du texte que vous devez mémoriser, mettez-vous face à des amis et récitez le texte, vous allez alors vous mettre à rire, et à avoir de la pression, et vous allez ainsi mieux retenir ce que vous lisez/récitez.

Cela fonctionnera encore mieux si vous faites cet exercice face à des inconnus, tout dépendra de vous !

6. La visualisation dans l'espace

Le dernier point concerne plutôt les individus ayant une mémoire visuelle qu'auditive. Comme je vous le disais au début du chapitre, si vous êtes concerné par la mémorisation visuelle, vous devez privilégier les schémas, le cartes mentales, les couleurs, etc…

Vous pouvez par exemple utiliser l'outil Prezi, qui vous permettra de faire des cartes mentales en ligne gratuitement et de les partager.

C'est un excellent moyen de mémoriser et de synthétiser des idées.

Ce qu'il faut aussi absolument faire, c'est visualiser ce que vous apprenez, dans l'espace.

Je m'explique : vous devez fermer les yeux et visualiser ce que vous mémorisez dans un lieu, fictif ou non.

Par exemple, lors du test de mémoire visuelle, pour parvenir à retenir 18-19-20 mots, vous devez vous en faire des représentations visuelles.

Concrètement, si les mots sont : grotte, ours, rivière, poisson, soleil, forêt, palmier...

Vous retiendrez **beaucoup** mieux en vous imaginant très clairement une grotte, avec un ours à l'intérieur, une rivière qui passe à côté, avec des poissons dedans, le soleil qui éclaire cette scène, une forêt qui entoure la grotte et la rivière, puis un palmier qui est planté à l'entrée de cette fameuse grotte.

En imaginant cela dans votre tête, vous serez beaucoup plus efficace.

Je vous invite d'ailleurs à refaire le test en appliquant cela et vous verrez que normalement vos résultats seront meilleurs. Si vous étiez plutôt auditif que visuel, refaites le test également, peut-être que vous rebasculerez du côté visuel.

12

Le secret

de la performance

Si vous êtes en âge de travailler, vous connaissez pertinemment l'importance d'être productif sur votre lieu de travail.

Il est dit de temps en temps dans la presse que les Français travaillent moins longtemps mais ont un taux horaire plus productif que la moyenne Européenne.

Je devrais peut-être faire une version anglaise de ce livre…

L'objet de ce chapitre n'est pas de traiter la productivité d'un individu sur son lieu de travail mais bien de vous fournir les clés pour que vous soyez davantage productif que vous ne l'êtes aujourd'hui.

Tout cela dans la vie en général, pas uniquement pendant l'activité professionnelle…

Performance et/ou productivité passent avant tout par un facteur crucial : la motivation.

Sans motivation, vous aurez beau utiliser toutes les techniques qui vont suivre vous ne serez pas pour autant plus efficace dans vos tâches personnelles et professionnelles.

L'emploi du mot tâche est volontaire car si votre motivation n'est que financière, ce sera effectivement des tâches, et c'est ici que la plupart des individus rencontrent des difficultés.

Explication.

La motivation, sauf pour une très petite quantité de personnes névrosées (pas de jugement), ne passe pas uniquement par l'argent.

Votre motivation doit être drivée par vos passions, vos envies, vos aspirations, vos rêves.

De là découlera de quoi vous faire vivre.

Alors avant de postuler pour un nouvel emploi, de vous investir dans un projet, ou tout simplement avant de réfléchir à comment être plus efficace et rapide dans vos missions quotidiennes, posez-vous la question de ce qui vous plaît.

Encore une fois, l'argent ne doit pas être la principale source de motivation, même si, bien sûr, elle peut en faire partie.

La première chose à retenir c'est donc cela : plus vous êtes passionné, plus vous êtes performant.

Si vous êtes patron et que vous trouvez vos salariés trop peu performants, posez-vous des questions quant aux finalités de votre entreprise.

Demandez-vous comment vos salariés pourraient percevoir le travail comme passionnant, stimulant, intéressant.

Travaillez votre culture d'entreprise.

Une fois que vous êtes passionné, très intéressé par un projet, ou du moins que celui-ci porte des valeurs qui sont en adéquation avec les vôtres, alors vous avez franchi la première étape pour être vraiment performant.

Bien sûr, même si ce premier conseil est la base de ce qui va suivre, cela ne suffit pas, et nous allons avoir tout de suite les quelques techniques permettant de booster sa productivité individuelle.

Dans la notion de productivité tout comme dans celle de mémorisation et d'apprentissage, il y a la notion de concentration.

La première chose à faire pour être productif, d'autant plus à l'heure actuelle, c'est de se couper de toutes distractions : téléphone, réseaux sociaux, télévision, environnement…

Ce n'est que dans un environnement sain que vous serez efficace.

Qui dit concentration donc, dit aussi pauses régulières car, comme nous l'avons vu dans le chapitre précédent, nul ne peut rester concentrer indéfiniment.

Les personnes les plus productives adoptent aussi un train de vie original qui est orienté vers cette recherche permanente d'efficacité.

Nous verrons l'importance de l'imitation dans le chapitre suivant.

La deuxième clef est de se fixer des deadlines (délais) courtes et d'aller d'objectif en objectif.

C'est-à-dire que lorsque vous êtes sur un projet, pour être performant, il va falloir se concentrer sur une tâche précise, opérationnelle et il va falloir la terminer dans un délai court.

Prenons un exemple : vous êtes chef de projet pour les J.O. 2024.

Premièrement, si vous n'avez que cela en vue, étant donné que c'est en 2024 (ce livre est écrit en 2019), vous allez avoir le réflexe de vous dire que finalement nous avons de la marge, et si vous fonctionnez comme la plupart des individus, vous allez papillonner pendant 4 ans puis vous allez vous mettre à bosser comme un fou la dernière année quand vous vous rendrez compte que la deadline ne se compte plus en année mais en mois.

L'objectif est alors que cette transition entre ces deux états se fasse le plus tôt possible, vous devez bosser dur même 5 ans à l'avance. Pour cela, vous devez donc vous fixer des deadlines courtes sur des tâches précises. Par exemple, conclure tel ou tel contrat de partenariat avec Anne Hidalgo et Pepsi.

Pour cela, fixez-vous 10 jours.

Bien sûr, certaines tâches ne dépendent pas que de vous, c'est le cas ici, c'est pour cela que lorsque vous n'êtes pas à 100% responsable de la conclusion d'une tâche, et seulement à ces moments-là, vous pouvez en avoir d'autres à côté, mais elles doivent être minimes.

L'important c'est de travailler en séquentiel, c'est-à-dire, traiter problème par problème, mission par mission, et d'avancer comme cela, au lieu d'avoir une vision à trop long terme qui paralysera votre instant présent.

Une deadline courte vous obligera à vous arracher pour l'atteindre.

Et dans ce domaine, trop de personnes sont limitées par leurs croyances.

Oui, écrire un livre en un week-end est possible (cf : *la 25ème heure de Jean de la Rochebrochard*).

Oui, ouvrir une entreprise et avoir des clients en un mois est possible, je l'ai mois même expérimenté (www.réussirsonbts.fr)

Oui, apprendre à coder en une semaine pour les besoins de sa boîte est possible.

Bien sûr ce ne sera parfait, votre livre devra être relu, votre entreprise devra devenir officielle et grandir, votre capacité à coder sera limitée, mais il est crucial d'avoir conscience que le plus important est de lancer des versions inachevées pour que vous ayez déjà un résultat et que vous ayez ainsi la motivation de continuer.

Est-ce plus productif de passer 3 ans sur les bancs de l'école à apprendre des cours théoriques qui seront déjà obsolètes à votre sortie ou de travailler à distance sur Digital Active de Google pour obtenir une certification au bout de quelques jours ?

Si vous lisez ce livre et que vous êtes encore étudiant, je ne vous incite surtout pas à arrêter vos études, je suis moi-même encore étudiant en Master au moment où j'écris cela.

Ce que je vous conseille en revanche, c'est d'être actif, de ne pas vous contenter de votre formation, d'aller au-delà. Et ce, notamment grâce aux plateformes précédemment citées.

La productivité passe par l'organisation. Votre journée doit être rythmée, programmée.

Vous ne devez pas passer du temps à vous demander ce que vous allez faire, vous devez agir plus que réfléchir ou rêver.

Prenez du temps pour vous organiser une bonne fois pour toute et maintenez le cap, il y a 24 heures dans une journée.

Si vous dormez 8 heures, il vous en reste 16, profitez de chaque minute, comblez chaque instant par des tâches que vous aurez préalablement définies.

Je vous l'accorde, c'est plus simple à dire qu'à faire, mon dernier conseil est alors de vous inspirer, d'imiter quelqu'un qui vit déjà comme cela, vous verrez ainsi que c'est possible et vous aurez une source de motivation supplémentaire.

Bien sûr, si vous vivez très bien avec votre rythme de vie actuel, ne changez rien, posez-vous simplement les bonnes questions.

13

L'imitation

comme devise

« Rien ne se perd, rien ne se crée, tout se transforme »
Lavoisier

Le fait de s'inspirer de quelqu'un qui a réussi est normal, même important. D'ailleurs, ceux qui réussissent se sont tous inspirés de ceux qui ont réussi avant eux, c'est un processus naturel. Il n'y a qu'à observer les enfants : tous imitent leurs parents, ou encore les nouveaux salariés une entreprise qui imitent les gestes des anciens.

Pourtant, le fait d'imiter quelqu'un est perçu comme mauvais dans nos sociétés contemporaines où, au contraire, la plupart des individus cherchent à se distinguer.

Le verbe « imiter » en est devenu péjoratif car dans l'esprit collectif, il est plus séduisant d'être quelqu'un d'original plutôt que d'être quelqu'un qui recopie clairement quelqu'un d'autre.

Or, premièrement, de toute façon l'imitation est encore une fois un processus naturel donc tout le monde imite tout le monde de façon inconsciente la plupart du temps, deuxièmement, pour être original, rien de mieux que de s'inspirer de quelqu'un qui l'est ! Troisièmement, on s'imite déjà les uns les autres en cherchant tous à se distinguer. Quatrièmement, personne ne remarquera que vous imitez quelqu'un car l'imitation ne sera jamais parfaite ni flagrante.

De plus, dans le cas où une personne le remarquerai, où est le problème ? Cinquièmement, personne ne vous reprochera d'imiter le comportement de quelqu'un de bien.

Je pourrais continuer pendant longtemps, les arguments ne manquent pas.

On pourrait également faire un parallèle avec la notion de créativité.

D'ailleurs, je vais tout de suite lever un mythe : quelqu'un de créatif n'est pas un extraterrestre ou un drogué, c'est tout simplement quelqu'un qui a une passion pour ce qu'il fait et qui effectue une veille intensive dans son domaine pour se fournir des idées. Soyez ouvert d'esprit et curieux, vous deviendrez créatif.

Toutes les innovations s'inspirent d'anciennes innovations, d'où la célèbre citation de Lavoisier en début de chapitre.

Tout ce que nous sommes finalement n'est qu'une accumulation d'imitations tirées de différentes personnes.

Et c'est justement cela le problème : nous imitons des personnes sans en avoir conscience, donc nous imitons parfois (souvent pour certains) des mauvais comportements.

L'objectif est alors de trouver des individus qui nous inspirent, des personnes à qui nous avons envie de ressembler. Mais comment mettre en place ce processus de façon concrète et consciente ? Soyez conscient du pouvoir de l'imitation, soyez conscient que si vous en êtes là c'est que vous avez imité les comportements de certains, comprenez que vous pouvez consciemment choisir qui vous inspire et qui vous souhaitez imiter pour devenir meilleur et finalement, trouvez vos modèles.

Renseignez-vous sur vos modèles, qu'ont-ils de plus que les autres ? Quels sont leurs traits de caractères ?

En général, les gens qui réussissent ont certains traits de caractères communs :

La passion de ce qu'ils font, de ce qu'ils sont, l'humilité, la confiance en soi, la stratégie d'atteinte des objectifs, la clarté des valeurs, l'énergie, l'art de communiquer et d'avoir des relations sociales riches.

Connaissez-vous quelqu'un dans votre entourage qui regroupe ces qualités, vous-même peut-être ? Peut-être que vous en avez certaines mais pas d'autres ? Quoi qu'il en soit le nombre de personnes qui possèdent ces qualités ne manque pas, vous en trouverez facilement qui font en plus une activité qui vous intéresse particulièrement, cela rendra le processus d'imitation plus simple.

De plus, avec internet, vous avez accès à des informations sur vos modèles d'inspirations : podcasts, vidéos, interview, livres, biographies…

Définissez alors clairement quel type de personne vous souhaitez devenir, quelles sont vos valeurs, vos principes et trouvez des individus qui correspondent à vos aspirations.

Personnellement, je m'inspire de plusieurs personnes. J'essaye de tirer le meilleur de chacun de mes modèles et de me l'approprier.

Ma première inspiration provient des membres de ma famille.

Ma deuxième inspiration provient de musiciens.

Ma troisième inspiration provient de certaines personnes qui excellent dans la communication et l'art oratoire.

Retenez bien que tout le monde est capable de tout.

Si quelqu'un peut faire quelque chose, vous le pouvez aussi.

Tout n'est qu'une question d'entraînement.

Mais alors comment faire de façon concrète pour imiter quelqu'un à qui nous avons envie de ressembler ?

Cela passe avant tout par la physiologie et les actions. Imiter une physiologie permettra d'imiter une pensée, un « mindset ».

Si la ou les personnes qui vous inspirent ne sont pas proches de vous, internet s'occupera de faire la liaison. Regardez un maximum de vidéo d'eux, le plus régulièrement possible. Tentez de les rencontrer en vrai et de leur poser des questions.

Regardez des interviews d'eux et prenez le soin d'observer attentivement tous leurs gestes et leurs postures.

Pour aller plus loin, vous devez imiter le mental de votre modèle.

Pour cela, vous devez identifier sa façon de penser, les représentations internes qu'il projette dans son cerveau, quels sont ses schémas de pensée ?

Avez-vous la possibilité de lui poser des questions ? Si non, observez comment il répond aux questions qu'on lui pose, et tentez de décomposer sa façon de construire ses pensées.

C'est un exercice qui n'est pas évident et qui requiert beaucoup de répétition, mais à force de le faire, vous parviendrez à comprendre comment cette personne réfléchie et vous pourrez ainsi adopter sa façon de faire.

Dans un premier temps en tout cas, le simple fait d'imiter la posture de quelqu'un vous fera ressentir un minimum d'émotions et de pensées similaires.

14

Le pouvoir

des relations sociales

Cet avant dernier chapitre sera rempli de bon sens (cela fait plusieurs fois que je le dis, non ?), mais ce qui est le plus évident est parfois le plus négligé, bien que souvent le plus bénéfique.

Je ne vous l'apprends sûrement pas : l'être humain est un animal social.

Nous avons besoin d'interactions pour vivre, pour être heureux, pour nous épanouir.

Un nourrisson qui serait mis à l'écart de toute relation humaine pendant les premiers mois de son existence en aurait des séquelles irréversibles.

Les interactions avec l'environnement permettent de développer des synapses, c'est-à-dire des nouvelles connexions entre les milliards de cellules qui composent notre cerveau.

Cela veut donc dire que c'est un entraînement pour notre cerveau, qui, je vous le rappelle, est un muscle qui doit être travaillé régulièrement pour demeurer performant.

La relation sociale est finalement la clef de nombreuses vertus, telle que la longévité.

Une étude qui s'est déroulé sur plus de 80 ans a suivie des individus de leurs naissance jusqu'à leur vieillesse ou leur décès.

Le résultat est sans appel, les personnes qui vivent le plus longtemps et sont le plus épanouies dans leurs vies personnelles et professionnelles sont les personnes étant capables de nouer des liens solides avec leurs proches et de s'entourer de façon à avoir des relations sociales sincères et fréquentes.

Finalement, la solitude en devient presque aussi mortelle que le tabac ou l'alcool[12].

Les relations sociales ont un réel pouvoir sur votre corps et votre esprit.

En revanche, ces relations doivent être vraies, profondes, et les générations actuelles ont malheureusement tendance à privilégier des relations superficielles, notamment avec la démocratisation

---

[12] Après avoir écrit cette phrase, j'ai pris connaissance d'une étude américaine conclue le 6 mars 2018. Selon celle-ci, l'isolement serait plus mortel que le fait de fumer 15 cigarettes par jour.

d'internet et des communications à distance.

Au-delà de la longévité, la création de relations humaines fortes vous permettra de vous faciliter la vie et de la rendre plus agréable.

La première clef est alors la sympathie.

C'est vraiment du simple bon sens, et pourtant, on ne pourrait compter le nombre de personnes qui ne sont pas sympathiques. Pourtant, la sympathie avec vos collègues, vos amis, votre famille, permettra de nouer des relations et donnera envie aux gens d'avoir le même comportement à votre égard.

Ainsi peu importe quels sont vos objectifs, l'amélioration de votre rapport avec les autres vous permettra de plus facilement les atteindre, puisque des personnes peuvent forcément vous venir en aide pour accomplir certaines étapes.

Pour développer votre relation avec quelqu'un, cherchez des points communs.

L'expression « qui se ressemble s'assemble » est vraie ! Vous pouvez le vérifier dans votre entourage.

D'ailleurs, l'expression « avoir des différends », qui veut dire que vous êtes en désaccord ou en conflit avec quelqu'un, est assez lourde de sens, car il s'agît aussi de différences entre deux individus, de l'absence de points communs.

Réfléchissez simplement à toutes les relations d'amitié, d'amour que vous avez développées depuis votre jeunesse, c'est d'abord un point commun qui vous a rapproché d'une autre personne.

Réfléchissez maintenant à quelqu'un que vous ne pouvez supporter, ne vous sentez-vous pas totalement opposé à lui ?

Quoi qu'il en soit, votre mission afin d'atteindre plus facilement vos objectifs et être épanouie, c'est de trouver des points communs avec les individus que vous côtoyez et avec ceux que vous rencontrerez.

Quoi qu'il arrive, tout le monde partage un minimum de points communs. C'est à vous de trouver lesquels, certes, peut-être que le premier est simplement le fait d'être humain et d'avoir un cerveau constitué de la même façon ?

Bien sûr, il y a peu de chance, surtout dans notre monde actuel, que le seul point commun que vous trouviez avec un individu soit le fait d'être humain.

Par ailleurs, connaissez-vous la théorie de Frigyes Karinthy et Stanley Milgram : avec un enchaînement d'aides de 7 personnes en moyenne pour atteindre quelqu'un, vous pouvez être en contact avec n'importe quel être humain ?

Oui, réfléchissez-y.

Imaginez qu'un de vos amis d'enfance soit en couple, que sa femme soit la fille du maire de votre ville, que ce maire soit en contact avec un député, que celui-ci soit en contact avec un ministre, et que le ministre ait des relations privilégiés avec le président de la République.

Le président de la République n'est-il pas en contact avec un correspondant Nord-Coréen haut placé ? Celui-ci a-t-il un lien avec Kim Jong-Un ?

Voilà, vous avez fait un lien entre Kim Jong-Un et vous en seulement 7 relations.

La seconde technique pour améliorer ses relations avec les autres est celle du miroir, nous l'avons déjà vu.

Comme son nom l'indique, cette façon d'approcher quelqu'un a pour objectif de créer le reflet de la personne.

Cette approche nécessite donc d'être en face à face.

Lorsque que c'est le cas, le fait d'imiter la gestuelle de la personne sans que cela se remarque va produire deux effets : vous allez mieux comprendre l'autre, vous allez être plus empathique, et l'autre aura l'impression que vous vous ressemblez sans trop savoir pourquoi.

Ce qui, vous l'avez compris, est l'objectif afin de construire une relation.

Bien sûr, le miroir ne doit pas être utilisé systématiquement.

Il doit pouvoir vous servir de manière ponctuelle, par exemple lorsque vous êtes face à un client en colère, que vous êtes face à quelqu'un triste que vous essayez de consoler, ou que vous rencontrez quelqu'un de génial avec qui vous avez envie de rester en contact à tout prix !

15

Résumé

Vous l'aurez remarqué le contenu de ce livre est synthétisé au possible, mon objectif est de vous faire gagner du temps en vous fournissant les incontournables de la neuroscience moderne.

Alors voici le point : prenez le temps de revenir sur les chapitres que vous avez peut être lu trop vite, demandez-vous si chacun d'eux vous a apporté un enseignement.

Si des éléments vous paraissent flous, que vous souhaitez en discuter, ou simplement creuser plus profondément, vous pouvez me contacter directement par mail : **moncerveaumamenti@gmail.com**

Comprenez que chaque étape, chaque idée, chaque phrase du livre est importante puisque ce dernier est ultra condensé, appliquez petit à petit les techniques de la deuxième partie, prenez conscience de la réalité de tout ce qui est dit dans la première partie, peut-être, pour les plus suspicieux ou curieux, en menant vous-même vos propres recherches internet.

Prenez le temps de vivre, de sourire, sous-rire comme dirait Aurélien. D'apprécier les bonheurs du quotidien.

Prenez du recul sur tous les événements que vous vivez, débarrassez-vous du regard de l'autre, soyez libre, heureux.

Faites en sorte d'avancer, cherchez l'évolution et l'amélioration constante, vous êtes programmé pour cela.

Profitez de votre vie, devenez acteur de celle-ci, entreprenez dans ce qui vous anime, prenez simplement conscience des milliards de miracles et d'années qui ont permis de vous transformer en être intelligent, automatisé, et scalable.

Enfin, ne laissez plus votre cerveau vous mentir !